国宏智库青年丛书

环境规制、贸易出口和产业发展

以中国为例

程都◎著

中国社会科学出版社

图书在版编目（CIP）数据

环境规制、贸易出口和产业发展：以中国为例 / 程都著.
—北京：中国社会科学出版社，2021.7
（国宏智库青年丛书）
ISBN 978-7-5203-8301-1

Ⅰ.①环… Ⅱ.①程… Ⅲ.①环境政策—影响—出口贸易—研究—中国②环境政策—影响—产业发展—研究—中国　Ⅳ.①F752.62②F269.2

中国版本图书馆CIP数据核字（2021）第068003号

出 版 人	赵剑英
责任编辑	喻　苗
特约编辑	胡新芳
责任校对	任晓晓
责任印制	王　超

出　　版	中国社会科学出版社
社　　址	北京鼓楼西大街甲158号
邮　　编	100720
网　　址	http://www.csspw.cn
发 行 部	010-84083685
门 市 部	010-84029450
经　　销	新华书店及其他书店
印　　刷	北京明恒达印务有限公司
装　　订	廊坊市广阳区广增装订厂
版　　次	2021年7月第1版
印　　次	2021年7月第1次印刷
开　　本	710×1000　1/16
印　　张	12.75
字　　数	172千字
定　　价	69.00元

凡购买中国社会科学出版社图书，如有质量问题请与本社营销中心联系调换
电话：010-84083683
版权所有　侵权必究

自 序

党的十九大报告指出，我国社会主要矛盾已经转化为人民日益增长的美好生活需要和不平衡不充分的发展之间的矛盾。在未来追求平衡、充分发展的过程中，将会更加注重生态环境，落实绿色发展，实行最严格的生态环保制度，走生产发展、生活富裕、生态良好的文明发展道路，建设美丽中国。由此可见，对传统发展模式进行改造，促成高质量发展已经迫在眉睫。

改革开放四十多年来，我国经济高速发展，经济总量已经跃居世界第二位。在高速发展过程中，对外贸易长期成为"三驾马车"当中的主要动力，出口规模已经多年处于世界第一的地位。但在经济发展的同时，我国环境状况日益恶化，自2012年以来，每到秋冬季节，中国北方地区就会不时遭遇严重的雾霾。环境规制不断调整，但是环境质量改善有限，环境规制过严会造成经济下滑的舆论的呼声也越来越大。那么，中国出口贸易对环境造成的不利影响到底有多严重？提升环境规制是否可以改善我国出口贸易的环境效应？有效的传导机制是什么？环境规制强度提升是否还有空间？提升环境规制强度是否会造成经济滑坡？提升环境规制强度应当从何处入手？怎样提升环境规制强度比较科学合理？这些问题都是当前我国进一步发展面临的问题，值得研究。

本书在前人研究的基础上对上述问题展开了分析。首先梳理了以往的研究者在国际贸易的环境效应、环境规制的测算方法、环境规制对贸易的影响等方面的研究成果。接着，分别按照普通方法和非竞争性投入产出方法测算了我国出口贸易引致的各类污染物排放量和隐含污染物排放量，结果发现从全产业链角度考察得到的出口贸易引致的隐含污染物排放量远高于直接测算的污染物排放量，用该指标来衡量我国出口贸易的环境效应更加准确。本书还根据测算结果划分出了主要污染性行业以及享受了环境福利的主要贸易伙伴国家。

在此之后，本书分析了环境规制影响我国出口贸易环境效应的理论问题。通过经典的"贸易三效应"分析框架，和已有对中介效应的研究提出了环境规制对出口贸易引致污染物排放的影响传导机制，并分别对贸易流量、绿色生产率、产业结构变化是否可对出口贸易环境绩效作为中介变量产生影响进行了验证分析。结果显示在部分行业环境规制可以对出口贸易的环境绩效产生改善作用。但是生产技术、贸易规模和产业结构并不是环境规制影响环境绩效的中介变量。

对于提升环境规制会对我国经济产生怎样冲击的问题，第五章采用《中国经济学人》问卷调查系统，对分布在全国的133位经济学家进行了问卷调查，通过综合分析大家对我国环境规制强度变化情况、环境规制对我国企业经营的影响、环境规制落实不到位的原因等问题的看法，从多方面判断环境规制对我国经济总体产生的影响不大，具有进一步提升的空间。

第六章从另一个角度分析了环境规制对我国经济增长的影响程度。使用CGE模型，采用GTAP第九版数据库，以生产要素效率下降模拟环境规制冲击，从经济总量增速、出口量变动、要素需求等方面测算了钢铁行业和其他重污染行业的环境规制强度提升对我国经济可能造成的影响。通过设置情境，分别对钢铁行业和纺织、服装造纸业、化学品行业等八个重污染行业完全提升环境规制进行政策模拟，并通过一般均衡的GTAP模型测算了这一政策对我国GDP、对外贸易、产业产值和要素需求方面带来的影响。测算结果表明，提升环境规制水平，对我国经济总量产生冲击不大，在可承受的范围内。分行业来看，提升环境规制会造成多数工业行业产值下降，减少我国对外贸易总量，但贸易顺差有所增加，有利于我国在对外贸易中获得更多的经济福利。在要素需求方面，环境规制的提升基本上会减少经济体对要素的需求，对劳动需求的减少量也会很大，这一点是需要防范的风险。

本书的创新点在于：（1）在环境规制强度指标衡量上有所创新，通过测算环境虚拟成本并以未支付环境成本占产值的比重作为环境规制强度，与以往的环境规制强度指标相比，更加具有价值化特性。（2）通过网络问卷调查方法、CGE模型测算方法和实地调研三种形式，对提升环境规制对我国经济发展造成的冲击进行研究，为政策可行性提供了充分的依据。

由于数据的可得性和时间限制，本书在污染物选择方面仅仅考察了二氧化硫、工业废水和工业烟粉尘，没有进行更加细致的分类。此外，本书也没有对环境规制政策工具进行进一步的分类，以考察不同类型环境规制工具对出口贸易环境绩效的影响，这是未来进一步深入研究的方向。

第一章 导　论 // 1

第一节 选题的背景与研究意义 // 1
一　选题的背景 // 1
二　选题的理论意义 // 2
三　选题的实践意义 // 3

第二节 研究对象、内容与方法 // 3
一　研究的对象和内容 // 3
二　研究的方法 // 6

第三节 研究中的难点和解决的办法 // 8

第四节 本书的创新点 // 9

第二章 文献综述 // 10

第一节 贸易与环境问题研究的演化历程 // 10

第二节 国际贸易的环境效应研究 // 11
一　国际贸易影响环境的机制和途径 // 11
二　环境库兹涅茨曲线验证 // 15

第三节 环境规制的测度 // 16
一　当前测度环境规制强度的主要方法 // 16
二　当前环境规制指标依然面临的挑战 // 28

三 环境规制强度衡量方法发展趋势 // 33

第四节 环境规制对国际贸易影响 // 35

一 "污染天堂"假说及其验证 // 35

二 "波特假说"及其验证 // 39

第五节 国际贸易的隐含污染测算 // 40

第六节 文献评述 // 41

第三章 我国出口贸易的环境效应
——以隐含污染物为测度 // 43

第一节 一般性考察 // 44

一 污染物排放直接系数测算 // 44

二 直接测算出口导致污染排放的量 // 51

第二节 贸易出口引致隐含污染物的测算 // 59

一 基于竞争性投入产出表的核算方法 // 59

二 对于进口中间品的剔除 // 60

三 出口引致的隐含污染物排放量 // 63

第三节 环境负担的主要行业和环境福利享受国 // 70

一 出口引致污染的主要行业分布 // 70

二 主要污染行业的贸易流向分布 // 71

第四节 本章小结 // 81

第四章 我国环境规制对贸易环境绩效的影响分析 // 83

第一节 我国环境规制的制度演变 // 83

一 我国环境管理机构设置演变 // 83

二 我国主要污染物控制方式转变过程 // 85

三 我国污染物总量控制实施方式 // 86

第二节　环境规制影响贸易环境效应的理论分析　// 89
　　一　国际贸易影响环境的理论分析　// 89
　　二　环境规制通过技术、贸易规模和产业结构影响贸易
　　　　环境绩效的理论　// 93
　　三　中介效应机制分析　// 94

第三节　我国环境规制强度的测算　// 95

第四节　模型的设定和结果分析　// 98
　　一　模型设定　// 98
　　二　数据处理与描述性统计　// 100
　　三、测算过程和结果分析　// 105

第五节　本章小结　// 109

第五章　提升环境规制对我国经济的影响分析
——基于《中国经济学人》调查问卷系统　// 110

第一节　调查样本量及分布　// 110

第二节　对我国环境规制强度和执行情况的判断　// 112
　　一　我国环境规制强度的变化趋势　// 112
　　二　我国环境改善慢的因素分析　// 113
　　三　环保政策落实难的因素分析　// 115
　　四　企业环保投资少的原因分析　// 116

第三节　环境规制对企业贸易和投资的影响　// 118
　　一　环境规制是否造成了企业经营困难　// 118
　　二　环境规制对企业贸易的影响　// 120

第四节　环境污染、治理任务和规制强度的区域分析　// 123
　　一　多数区域经济增速与环境污染正相关，部分地区拐点凸显　// 123
　　二　污染减排总量分配基本合理，环境治理仍有提升空间　// 124
　　三　环境规制执行强度的区域性差异　// 126

　　　　四　环境规制工具的选择偏好　// 127

　第五节　本章小结　// 129

第六章　提升环境规制对我国经济的影响
——基于 GTAP 模型的政策模拟　// 131

　第一节　2011 年我国环境规制强度的测算　// 132

　第二节　采用的 CGE 模型及冲击设定　// 135

　　　　一　模型的选择和假设　// 135
　　　　二　变量选择和冲击机制　// 137
　　　　三　模型的数据选择　// 139

　第三节　政策冲击影响分析　// 141

　　　　一　提升钢铁行业环境规制产生的经济影响　// 141
　　　　二　分别提升其他重污染行业环境规制产生的经济影响　// 147
　　　　三　提升所有重污染行业环境规制产生的经济影响　// 152

　第四节　提升环境规制和保增长并举具有可行性　// 157

　　　　一　调研的三个地区的基本情况　// 157
　　　　二　三个地区转向绿色发展的政策举措　// 158
　　　　三　三个地区实践绿色发展的实际效果　// 160

　第五节　本章小结　// 161

第七章　结论与政策含义　// 163

　第一节　主要结论　// 163

　　　　一　出口贸易的环境效应　// 163
　　　　二　环境规制强度变化情况　// 164
　　　　三　环境规制对出口贸易环境效应的影响　// 164
　　　　四　环境规制提升对我国经济增长的冲击预判　// 165

第二节 政策含义 // 166
    一 环境规制强度具有提升空间 // 166
    二 保证政策的统一性和执行力度是重要的着力点 // 166
    三 提升环境规制的政策路径 // 167
第三节 研究的局限和未来的方向 // 168

附 表 // 170

附 图 // 176

附 件 提升环境规制强度对我国经济的影响调查问卷
（2016年11月） // 179

参考文献 // 183

第一章 导论

第一节 选题的背景与研究意义

一 选题的背景

我国经济快速发展过程中，社会矛盾也在逐步转化。党的十九大报告给出了一个重要判断，认为随着我国经济向新常态时期迈进，社会主要矛盾已经由原来的"人民日益增长的物质文化需要同落后的社会生产之间的矛盾"转化为"人民日益增长的美好生活需要和不平衡不充分的发展之间的矛盾"[①]。要追求平衡、充分发展，更加注重生态环境，落实绿色发展是必由之路。党的十九大报告中还提出，要实行最严格的生态环境保护制度，在发展方式和生活方式上都要实现绿色化，可见对传统发展模式进行改造，促成高质量发展已经迫在眉睫。

在过去的经济增长过程中，很多环境破坏是由于全球经济活动的规模增长带来的。国际贸易构建了不断增长的经济活动，使其成为环境变化的重要驱动力。从最基础的角度来看，贸易和环境相关联是因为所有的经济活动都建立在环境的基础上。各种矿藏、土地、森林等自然资源是工业产品的原料，并且为经济活动提供了基础的能量来源。在经济循环的末端，环境同样接受了经济活动产生的废弃物。贸

---

① [十九大"新"观察]《"新矛盾"怎么解？》，http://www.xinhuanet.com/politics/2017-10/24/c_129725444.htm。

易同样在很多方面受到环境的影响。从自然资源质量，到开采安全以及生产商需要面对的环境管制和消费者对绿色产品的偏好变化，都不断塑造着贸易的发展。

在中国，环境和贸易的矛盾也日渐尖锐。在传统的分析框架下，"三驾马车"中的对外贸易，对我国的经济拉动作用非常明显，出口产品也是造成我国生产性排污的重要原因。这些污染物中，废水、废气和二氧化硫等污染物都是区域性污染品，对生产国本地的环境质量造成了破坏。因此，通过出口商品，我国实际上为国外消费者承担了环境成本。而通过强化环境规制是否可以有效改善我国出口的环境效应值得研究。此外，强化环境规制是否会对我国经济产生过强的冲击也一直是悬而未决的问题，这将直接导致环境规制政策的可行性，因此也有必要进行研究。

二 选题的理论意义

对国际贸易的环境效应研究从20世纪80年代受到人们的关注，Copeland（1991）、Nico Heerink, et al.（1996）等研究者从传统贸易理论以及一般均衡理论出发将环境作为一种要素纳入原有模型中并通过将环境规制问题关税化，来研究环境规制对贸易流量的影响并最终影响了贸易的国际福利分配。Antweiler、Copeland和Taylor（2001）则分析了贸易自由化对环境效应影响的三个渠道，分别是技术效应、规模效应和结构效应，但是没有包括环境规制要素。本书则把环境规制因素纳入到这一理论中来，阐述环境规制不仅通过影响贸易流量改变了环境效应，同时也对生产技术、产业结构造成影响，从而改善了环境绩效。

三　选题的实践意义

之前的多数研究者在研究对外贸易的环境效应过程中测算了各种隐含污染物的量，采用的数据主要是利用 OECD 公布的全球投入产出表和部分污染物系数。但这些系数主要反映了能源消耗带来的大气污染物。而在废水、工业废气方面，通常做法是用本国的污染物排放系数替代国外污染物排放系数。

在测算环境效应时，一些研究者不仅测算了我国出口商品带来的污染物排放量，同时也测算了进口污染物的排放量，并且通过是否存在顺差或者逆差，顺差是否扩大来判断环境福利的分配问题。但是一方面，用本国的污染系数替代国外特别是发达国家的污染系数，这一方式就抹平了不同国家的技术差距，从贸易的污染效应角度来看，技术效应就难以体现出来。另一方面，由于我国当前面临的环境形势特别严峻，更加需要我们关注的是出口贸易给我国带来的污染排放的绝对量，而不是相对比较优势。

我国正走在中华复兴的伟大道路上，保持宏观经济形势的稳定非常必要。环境规制对中国宏观经济是否会带来较大的冲击，是否会影响经济和社会稳定很值得探讨。文章通过多种形式对环境规制对经济的影响进行了分析，明确了政策的可操作性和政策实施路径。

第二节　研究对象、内容与方法

一　研究的对象和内容

本书研究的对象有三个，分别是环境规制、贸易出口的环境效应和经济发展。在衡量贸易出口的环境效应时，我们采用了我国出口贸易引致的隐含污染物，因为该指标包含了由于出口产品的生产，在国内该行业整个产业链为之排放的污染物的量。这一数值更加准确地刻画了国际出口贸易的环境效应。文章主要研究环境规制如何通过多种渠道对我国出口贸易的环境效应产生影响，并且权衡了提升环境规制对中国宏观经济发展带来的冲击程度。

第一章是导论，介绍了本书的选题背景和理论及实践意义，概括了中国当前环境质量面临的严峻形势以及环境规制对中国出口贸易和经济发展的可能影响。介绍了本书的研究对象和方法以及创新的内容。

第二章是文献综述，回顾了贸易与环境问题研究的演化历程，从国际贸易的环境效应产生机制、环境库兹涅茨曲线问题、"污染天堂"假说、"波特"假说理论分析和验证、国际贸易隐含污染物问题研究和环境规制的测度问题等方面梳理了国内外研究者对这些问题的研究结论并进行评述，为本书的进一步展开提供支撑。

第三章是对我国出口贸易的环境效应的测算，该章以隐含污染物的排放量作为环境效应的衡量指标，测算了我国出口贸易的环境效应，指出出口贸易对我国环境质量的实际影响比普通测算方法得到的结果要高很多；还根据测算结果分析了因为出口贸易产生污染物的主要行业以及享受了环境福利的主要贸易伙伴国家。

第四章分析了我国环境规制对贸易环境效应产生的影响。该章通过经典的 ACT（贸易三效应）模型框架和中介效应模型，分析了我国环境规制对我国出口贸易引致污染物排放的影响，分别验证了环境规制通过贸易流量、技术提升、产业结构变化对出口贸易引致污染物的影响。结果显示环境规制仅对部分行业降低污染物排放，提升对外贸易的环境效应有明显的效果。

第五章采用《中国经济学人》调查问卷系统，对分布在全国的 133 位经济学家进行了问卷调查，通过综合分析大家对我国环境规制强度变化情况、环境规制对我国企业经营的影响、环境规制落实不到位的原因等问题的看法，从多方面判断环境规制对我国经济总体产生的影响不大。

第六章从另一个角度分析了环境规制对我国经济增长的影响程度。该章使用 CGE 模型，采用 GTAP 第九版数据库，以生产要素效率下降模拟环境规制冲击，从经济总量增速、出口量变动、要素需求等方面测算了钢铁行业和其他重污染行业的环境规制强度提升对我国经济可能造成的影响。结果显示提升环境规制强度对我国经济总体冲击不大，说明我国环境规制提升还具有一定的空间。

第七章是研究结论和政策含义的内容，在总结了前面六章的分析之后，对中国能否通过提升环境规制强度，从而改善出口贸易带来的环境效应给出了解答，对如何避免过激的环境规制对经济发展带来冲击给出了一些建议。

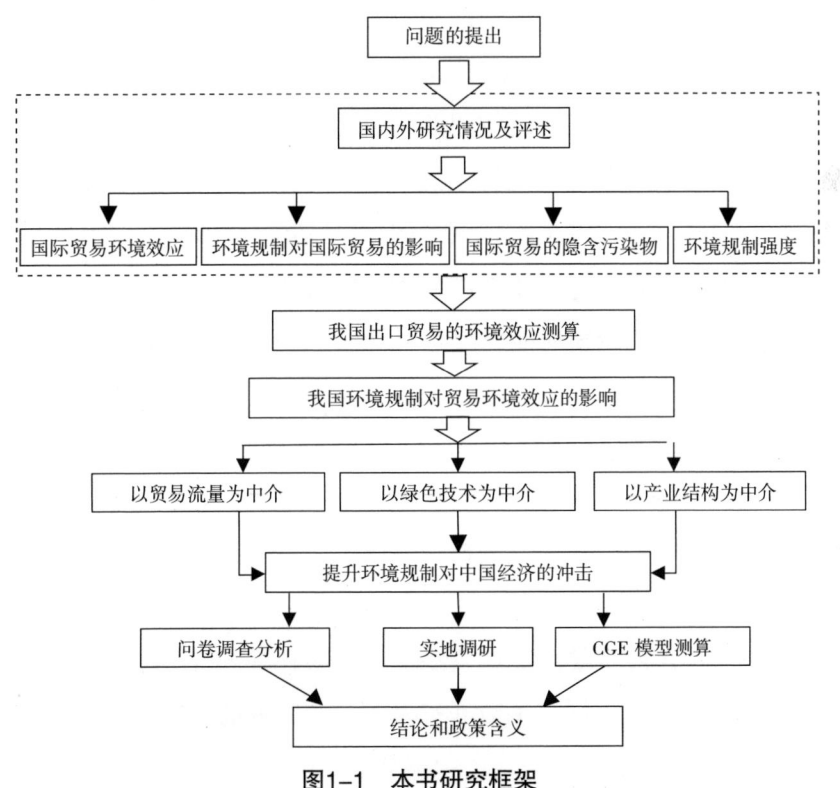

图1-1　本书研究框架

二 研究的方法

总体来看,本书将采取逻辑推导和数量分析相结合的分析方法,充分利用现有的文献资料、数据库以及网络调研数据,结合国际贸易理论和环境经济学理论,运用数理经济学、计量经济学和统计学工具对研究的问题进行分析。

(一)理论探讨与现实分析相结合的方法

理论指导实践,并在实践中得到发展和完善。国际贸易与投资的环境影响是一个实践性很强的问题,涉及的主体包括贸易企业、投资企业和政府部分甚至 NGO;涉及的行为既包括市场行为,还包括政策行为。因此在研究时,既要注重理论研究,又要立足于实践;既要参考国际经验,又要从我国实际出发进行分析。文章在前人研究的基础上,吸收了研究者们广泛使用的 ACT(贸易三效应)分析框架和中介效应分析方法,对环境规制如何影响国际贸易的隐含污染物进行了分析。在研究中,作者还跟随国情调研组选择了东部、中部和西部三个地区的典型县市,考察了经济环境保护协调发展的情况,采用实地调研方法增强研究的稳健性。

(二)实证分析与规范分析相结合的方法

通过大量的数据和图表,对我国分行业出口贸易和环境效应的相互关系等进行分析。在实证分析的基础上,对国际贸易导致环境绩效变化进行了较为深入的分析。不仅通过二手数据资料进行分析,还通过社科院《中国经济学人》调查系统对分布在国内各个地区的经济学家进行调查,得到了第一手数据资料,综合大家的判断来分析环境规制对中国经济产生的影响。

（三）局部均衡分析方法

局部均衡分析方法（Partial Equilibrium Approach）是与一般均衡方法相对应的一种分析方法。局部均衡分析方法，在一定的时间内，只限于研究一种现象或两种现象之间的关系，同时利用"其他条件不变"（other things being equal），以假定其余的现象保持不变。局部均衡分析方法和一般均衡分析方法都是用来分析市场均衡的。但是，适用于不同的情境，一个只考虑局部，一个只考虑整体，两者没有可比性。两者的主要区别在于它们分别反映了两种不同的哲学态度或世界观（盛洪，1997）。

局部均衡分析方法背后的思想认为，在既定的情形下，一方的行为只对与其发生关系的另一方产生影响，对其他人则无关紧要。因此，当使用局部均衡分析方法时考虑一个人的行为，或两个人之间的交易时，我们无须同时考虑所有其他人。

本书在分析我国的环境规制对经济的影响问题过程中，分别选择了钢铁和其他某部分行业进行研究，而忽略其他产业，就是采用局部均衡的方法。从哲学上说，一个问题中的矛盾是多方面的，抓住主要矛盾才能最有效地解决问题，钢铁行业和其他重污染行业是污染物排放的主要行业，这些产业的商品贸易也是全球污染物的主要排放源泉，也是贸易摩擦的焦点行业。抓住这些重污染行业具有代表性意义，分析这些行业的污染排放问题是解决环境污染的主要矛盾的过程，可以使用局部均衡分析方法。

（四）一般均衡分析方法

除了局部均衡分析方法，本书在部分内容上也采用了一般均衡分析。在分析我国主动调整环境规制对经济冲击的问题中，我们采用了GTAP模型进行了情景模拟，由于GTAP数据库是根据一般均衡理论构建的，以全球投入产出表为支撑的经济模型，我们不仅分析了环境规制提升对宏观经济增速的冲击，还分析了对我国劳动力需求，贸易伙伴国家的经济冲击。

第三节　研究中的难点和解决的办法

一是在研究过程中，需要采集大量的数据，因而可能会遇到数据采集的困难。对此，笔者广泛地阅读相关资料，并尽量从各个数据源取得所需数据，并进行数据挖掘，正确客观地解读数据含义。

二是环境规制和用隐含污染物衡量的贸易环境效应之间理论探讨还不多，需要在前人研究的基础上进行理论创新，建立两者之间的直接联系。

三是对于环境规制强度，很多研究国际贸易和环境问题的研究者都使用了这一指标，但是指标的内涵多种多样，如何做到构建一个更加科学合理的环境规制强度指标具有挑战性。

三是普渡大学的 GTAP 模型中并没有直接的变量来表示环境规制，在政策模拟的过程中需要通过其他方式模拟。很多研究者研究环境问题时采用假设关税税率变化的方式进行模拟，但是我们研究环境规制提升并不打算采用环境关税的模式，而且可能从政策调节的经济原理上也和税收影响经济均衡大不相同，必须探索用其他的变量调节方式来模拟政策。

第四节　本书的创新点

一是在传统的贸易自由化和环境关系的"贸易三效应"模型基础上，将环境规制指标纳入，并融合环境规制对技术、产业结构、国际投资造成影响的理论分析，验证了环境规制影响出口贸易环境效应的机制问题。

二是在环境规制强度指标衡量上有所创新。通过测算环境虚拟成本并以未支付环境成本占产值的比重作为环境规制强度，与以往的环境规制强度指标相比，更加具有价值化特性，并且也显示了规制强度的提升空间。

三是通过网络问卷调查方法、CGE模型测算方法和实地调研三种形式，对提升环境规制对我国经济发展造成的冲击进行了研究，为政策工具的使用提供了充分的依据。

第二章

文献综述

第一节 贸易与环境问题研究的演化历程

世界各个国家第一次共同研讨环境质量和国际贸易之间关系的问题是在1972年的瑞典首都斯德哥尔摩，借助联合国首届全球环境与发展大会，各个国家共同探讨了经济增长对环境质量的影响的问题，一些经合组织国家开始在国内实施环境规制政策。Oates、Baumol（1975）、Siebert（1977）等学者开始研究一国之内的环境规制政策是否会使相关产业向未实施环境规制的国家转移。

在这一时期的研究中，人们着重于设计相应的环境政策与标准，组合搭配合理的税、费、许可证制度解决环境负外部性问题。在环境和贸易方面，人们主要关注环境政策如何影响贸易模式、社会福利，如何影响一国在贸易中的比较竞争优势。（McGuire, et al., 1982; Tobey, 1990）在这一段时间，由于发达国家刚刚经历了工业对生活环境的极大破坏，对环境的关注达到顶峰，这一时期的研究基本以环境保护为中心，在贸易方面以环境保护的最优政策为基本假定，研究这种政策对贸易的影响。

在20世纪90年代，环境和贸易问题又逐步成为焦点问题，环境与经济协调发展的思路在1992年联合国环境与发展大会上开始走向理论前台。同年，北美自由贸易区成立，1994年，乌拉圭回合的谈判也顺利结束了。各个国家从国际贸易中获得了越来越多的利益，贸易成为各国发展经济的重要拉动力。在这一阶段，国际贸易在治理环境

污染方面的作用开始又受到关注。但是这一时期，研究的前提是贸易自由化，主要研究的问题转换为贸易自由化对福利和环境的影响，对发展中国家的影响，对发达国家竞争力的影响。更新的问题在于不同的国家使用不同的环境标准，是否会引发污染转移。（Markusen, et al., 1995; Birdshall, et al., 1993; Lee, et al., 1997）

20世纪90年代后期以来，环境和贸易问题的研究又回到了以环境保护为核心的情形下来。在这一时期，更多的研究主要针对跨国界的污染问题以及国际环境问题。贸易给发展中国家带来的诸多环境问题也影响到了发达国家的环境，使得原本以区域环境问题为主的讨论转向国际环境问题的讨论。从研究者们关注的污染物来看，也从污水、二氧化硫等区域污染物转向二氧化碳这样的全球污染物。

第二节 国际贸易的环境效应研究

一 国际贸易影响环境的机制和途径

Nico Heerink, et al.（1996）认为自由贸易可以从五个方面传导到环境质量。第一是自由贸易拉动了地区经济增长使得经济总量不断提升，在经济运行中消耗更多的资源和能源，产生更多的污染。第二是虽然在经济整体规模和产业规模扩大的过程中污染总量增加，但由于规模经济效应，产业对环境资源的集约利用能力和对环境污染的处理能力也会增加，提升了污染处理效率，有利于环境恢复，也有利于避免分散化的污染。第三是自由贸易主导者对农业补贴基本持反对的态度。工业化国家为了支持本国农业发展，经常采用农业补贴保持国内农业产业的竞争力，这种方式导致农业过度生产，容易导致土地大面积退化、地表和地下水受到污染等问题。如果补贴降低可以使得农业生产保持在适度范围内，有益于生态环境正常化。第四是贸易自由化会促进资源的有效配置，这在一个较长的周期中考察，有利于人们更加有效地利用环境资源，并且提高人们的环保意识。第五是国际自由贸易条件下，市场失灵长期存在，环境资源成本常常会因为外部性难以获得收益，会造成环境资源过度使用而恶化。

Grossman 和 Krueger（1991）在研究美国和墨西哥之间贸易自由化问题时提出了贸易自由化通过规模效应、结构效应和技术效应三个机制影响环境质量，这一分析框架对后来的研究者产生了重要影响。Antweiler、Copeland & Taylor（2001）使用贸易三效应分析框架并使用一般均衡理论，选用了全球 43 个国家中总共 108 个城市在 20 世纪 70 年代到 90 年代中期的二氧化硫浓度观测数据作为环境污染程度的衡量标准，分别验证是否存在规模效应和技术效应对二氧化硫排放浓度产生影响。并且从总体效果上来看，贸易自由化是有利于环境质量提升的。同时研究也发现，贸易自由化通过结构效应影响环境质量的机制不太明显。

这一研究的过程最后形成了经典的环境和贸易关系研究的"贸易三效应"（ACT 模型），在后来的研究中，很多研究者都在此框架基础上进行拓展或者验证。也有对这一框架提出挑战的研究者，影响力比较大的是 Managi、Hibiki 和 Tsurumi。他们在 2009 年发表在 *Journal of Environmental Economics & Management* 上的文章指出了原有研究对内生性问题考虑的欠缺，并对贸易三效应分析模型进行了改善。他们对研究对象国家进行了分组，将经合组织和非经合组织国家分离，同时针对多种污染物分别进行实证分析。其研究结果表明，对发达经济体而言，贸易自由化对各类污染物排放降低都有促进作用，而对于不发达经济体，生物需氧量的排放能够得到抑制，但是二氧化硫和二氧化碳的排放并没有减少，排放量增长的趋势也没有改变。

异质性理论是 21 世纪以来国际贸易领域的新兴理论，Kreickemeier

等（2012）从这一新理论视角再次审视了国际贸易和环境问题。为了区分部门内企业各不相同的生产效率和环境效率，文章运用垄断竞争条件下的单一部门模型，并且假设企业的生产效率和环境效率具有一致性。研究认为，贸易自由化又有利于优质企业的技术提升，通过这些高端企业生产的绿色化，降低了整个行业的排放水平，通过环境效应再分配方式改善了环境质量。虽然这一研究没有从"贸易三效应"模型入手，但是其研究的视角还是通过技术效应来观测的，只是观测层面落到了企业内部，因此，可以说这一研究是贸易三效应模式在企业内部的展现，结构调整可能对应的是企业内部产品结构，规模效应体现在企业的出口交货值或者市场占有率上。

在理论模型构建方面，一些学者通过将环境要素纳入传统的贸易模型中解释出现的问题。Copeland 和 Taylor（1994）在传统的两国贸易理论模型中加入了收入变量，把模型改造成两个不同收入国家的一般均衡模型。在研究中，一个假设是两个国家间收入差距巨大，而这一变量导致了环境政策的差异，并且决定了国际贸易的量。模型假设污染税是各国的最主要的环境政策，政府会随着经济和贸易变化情况适时调整环境税。模型还假设"要素价格均等"效应在环境领域并不明显，因此，污染税的差异就成为国际贸易发生的唯一动因。研究的结果显示，自由贸易会导致两个国家污染总量继续提升。逐渐地，高收入国家会调整环境规制强度，例如选择较高的污染税政策，而低收入国家依旧保持宽松的政策。最后污染型产品的国际贸易流向和流量发生变化，发达国家的环境质量开始正向反馈，而经济不发达国家则会形成负向反馈，环境质量越来越差。

到 1995 年，Copeland 和 Taylor 再次对南北两国模型进行了拓展和调整，传统研究者只是研究总体污染水平受到单个国家国民收入和对外贸易之间相互作用的影响，但是没有考虑到跨国界污染的因素。在新的研究中，他们更加注重污染物的跨界流动。当调节各国收入变量的时候，自由贸易会使得全球总体污染水平提高。如果贸易能够使要素价格均等化，人力资本丰裕的国家会从贸易中受损。环境资源的价格均等化和政府对污染许可证供给的限制息息相关。在政府不进行限制的情况下，污染许可证可以在国际上流通，有助于减少总体污染水平。

Pethig（1976）将环境因素作为一个生产要素纳入传统的 H-O 模型，探讨了环境规制对比较优势的影响问题。Siebert（1992）构建了一个开放型经济模型，分析了甲乙两国、两种产品情况。假定甲国具有环境比较优势并出口环境密集型产品。环境规制将提高甲国的环境影响价格，最终将使得环境比较优势从甲国转向乙国。Tobey（1990）使用了多国、多商品的 Heckscher-Olin-Vanek 模型，利用 1975 年 23 个国家最具污染的部门截面数据回归发现，国际贸易模式更多地取决于由传统的要素禀赋所决定的比较优势，而受环境政策的影响却并不显著。Cole and Elliott（2003）利用 H-O-V 模型，对比较优势、贸易模式是否受环境规制影响做了检验。结果表明，环境规制明显影响净出口缺乏证据支撑，贸易模式更多地决定于该国的要素禀赋。

随着理论分析越来越多，原有理论分析中的假设条件逐渐被放开，经济学家们开始考虑与传统分析不同假设下的结论。Beladi 和 Oladi（2000）在不完全竞争市场的情况下研究了国际贸易对环境质量的影响。文章建立了一个双头垄断模型，一个是国内企业，另一个则为国外的企业，两个企业同时生产同质产品并同时只供应国内市场，企业投入劳动力，在产出产品的同时排放污染物，但两个企业的产品清洁度不同，即每单位产出的污染排放量不同。均衡条件下得出的结论是东道国单边的贸易自由化可以导致本国污染的减少，并且还能降低全球的污染水平当且仅当国外企业的生产清洁度远远高于国内生产时。

二　环境库兹涅茨曲线验证

在自由贸易是否对环境有利的问题上，坚持自由贸易有益于环境改善的部分经济学家认为区域性与全球性的贸易自由化不是环境恶化的根本原因，采用贸易限制手段解决环境问题只会造成进一步的扭曲，而基于比较优势的专业化分工能够促进全球资源的有效配置和合理利用，有利于环境保护。更大程度上开放市场，推进贸易自由化进程是减少环境污染的有效途径。

Grossman Krugeman 1991 年的文章探讨了一些关于 NAFEA 可能的环境影响的经验证据。发现在空气中悬浮的二氧化硫和有害物质的环境水平增加与人均 GDP 有关，国民收入水平低时污染物浓度不断上升，收入到达较高水平时候，污染物浓度开始下降。转折点在 4000—5000 美元之间，以 1985 年美元计算。他们还研究了从墨西哥进口到工业要素密集度，美国的关税率，以及美国工业的污染治理成本的大小。发现贸易和投资模式的传统决定因素在这里非常重要，但墨西哥松散的污染控制造成的所谓竞争优势在激励贸易和投资流动方面没有实质性的作用。Bhagwati（1993）认为环境主义者对自由贸易影响的担忧是错误的，因为通过预想的解决方法，贸易和环境保护都能得到改善。针对环境主义者中间普遍存在的自由贸易促进经济增长而增长损害环境的担忧，他指出，这种担忧是多余的，因为经济增长使得政府税收增加，从而可集中更多的资源用于污染治理和环境保护。如富裕国家如今比贫穷国家更加关注环境问题。

Selden 和 Song（1994）提出了关于经济增长与污染物排放关系的"环境库兹涅茨曲线"概念，倒 U 形的 EKC 曲线表明环境恶化与人均 GDP 在经济发展的起步阶段呈正向变动关系，当人均 GDP 达到一定水平后，二者表现为反向变化关系，多种污染物的排放将随着经济发展向上升而后下降，近十年来对 EKC 的实证研究充满争议，在不同国家不同时间段有类似的情况出现。

Pananyotou认为，有效的制度和政策能够显著地减缓低收入国家（或地区）环境退化和加快高收入国家（或地区）环境改善的步伐，因此环境管制能够熨平EKC，并减少经济增长的环境成本。Dasgupta（2002）认为环境库兹涅茨曲线变得比较平坦且处于相对较低位置的主要原因是严格的环境规制。张红凤等（2009）认为环境质量的改善不会自动发生，需要严格而有效的环境规制对环境污染加以改善，才能避免过去那种"先污染、后治理"的传统环境转变路径，实现环境保护与经济发展的双赢。

Dasgupta等（2002）总结出富国环境规制水平较高的三个原因：第一，在医疗和教育方面的基础投资完成之后，治理污染成为社会更加优先考虑的目标；第二，富国能够有钱聘用更多的技术人员，并为环境监测和政策实施分配更充裕的经费；第三，较高的收入和教育水平使当地社区有能力推行较高的环境标准。

第三节　环境规制的测度

一　当前测度环境规制强度的主要方法

对环境规制进行测量就是要对环境规制程度进行量化。目前有三种量化模式。第一种模式是以定性指标为基础综合得到定量指标的测量方法，主要是通过专家打分的形式得到指标值。第二种模式是直接使用定量指标测量规制强度。这些指标往往具有良好的数据可得性，在多个国家的统计体系中存在较长年限，也便于国际比较。直接使用定量指标也包括在统计指标的基础上进行简单变换，转为无量纲指标或者相对指标等。直接采用定量指标可以排除主观因素，使得测量结果更加客观。第三种模式是以定量指标为基础，将多个定量指标通过一定的计算方法整合成为一个综合性的定量指标。这种模式可以将环境领域内多个维度的定量指标融合，更好地反映出环境规制的整体强度。

（一）以定性指标为基础的测量方法

文献中最早对环境规制指标进行测量的是 Walter & Ugelow（1969）。他们采用联合国贸易和发展组织（UNCTD）的调查数据，采用问卷的形式让多个国家的环境方面专家对各个国家的环境规制强度进行打分，以美国作为最严格的标杆，设为 7 分，而 1 分表示环境管制最宽松，最后得到了多个国家的环境规制强度排名，构建了序数型环境规制强度指数。Tobey（1990）就采用了这一指标对环境规制与贸易模式的关系进行了分析。世界经济论坛（WEF）在其发布的年度全球竞争力报告中给出的各国环境政策强度指数也是沿用这一方法。世界经济论坛通过对各个国家的企业家发出问卷，让这些企业家对各个国家的环境规制强度和政策执行严格度给出打分。分值从 1 分（最宽松）到 7 分（最严格），最后将专家打分综合后得到各个国家的环境规制强度分数和排名。

Dasgupta, et al.（1995）也采用这一思路，他们根据 1992 年 31 个国家向联合国环境和发展会议（UNCED）提交的统一格式的报告，构建出反映这些国家的环境规制指数。通过对各个国家农业、工业、能源、运输、城市五个板块中关于空气、水、土地和生物资源四个方面的环境政策情况进行梳理，从环境意识、环境政策、环境立法、执行机制、执行绩效五个维度，共 25 个指标进行评判，每个指标设定 low、medium、high 三个等级，分别赋予 0 分、1 分、2 分，最后综合计算后得到各个国家的总分并进行排名。

（二）直接使用定量指标的测量方法

各国环境规制的具体内容中经常显示出降低各种污染物排放量的目标，而工业部门则一直是环境污染物的主要排放部门。DEAN（2005）指出中国环保部门估计工业企业排放的污染物占到了全部污染物的70%以上，其中包括了70%的化学需氧量、72%的二氧化硫和75%的烟尘。由于污染物主要来源于工业部门，许多环境规制政策主要是针对工业部门而颁布的。因此很多研究者在直接使用定量指标测量环境规制强度时选择的都是工业部门污染物相关指标。

陆旸（2011）梳理了常用的污染物指标，将这些指标分为三类：空气质量指标、水质量指标和其他环境指标。其中，城市空气质量指标主要包括：二氧化硫（sulphur dioxide，SO_2）；颗粒悬浮物（suspended particulate matters，SPM）；烟尘（smoke）；氮氧化合物（nitrous oxides，NO_x）；一氧化碳（carbon monoxide，CO）；二氧化碳（carbon dioxide，CO_2）等。水质量指标主要包括三类：（1）水中的病原体浓度：渣滓（fecal）和固体物质（coliforms）；（2）重金属总量以及人类活动所导致的水中的有毒化学物排放量；（3）溶解氧（dissolved oxygen）；生物需氧量（biological oxygen demand，BOD）；化学需氧量（chemical oxygen demand，COD）。其他环境指标主要包括：城市固体垃圾、城市卫生设施、饮用水的使用、能源使用以及森林砍伐等。围绕这些污染物，研究者们基本上从以下四个方面来衡量环境规制强度。

1. 污染物的排放标准和达标情况

由于命令—控制型环境规制通常基于技术水平和绩效水平来制定标准，限定污染企业的排放上限，很多研究者认为用某产业某一污染物排放上限可以反映一国环境规制的力度。最早使用这类指标的是McConnell & Schwab，他们使用美国规定的汽车喷漆中有机挥发物的上限作为环境规制的代理变量。Otsukietal 用欧盟农产品中黄曲霉含量的最大限度反映环境规制的严格程度。Cole & Fredriksson（2009）用法规允许的每加仑汽油中的含铅量来测定环境规制强度。Ménière Y., et al.（2011）用混合动力汽车的燃料效率标准测定环境规制强度。

李钢、刘鹏（2014）采用文献计量的方法，对中国钢铁行业的 220 条环境管制政策进行了梳理，依照时间序列，根据政策内容中体现的强度变化进行累加赋值，得到中国钢铁行业的环境规制标准强度。也有学者根据环境规制法律政策的数量来考察环境规制强度的高低，如 Low（1992）提出的绿色指数即地方政府颁布的污染物规制政策的数量来度量环境规制强度。Levinson（2012）使用 50 部普通法中环境相关的条款数量来衡量环境规制的强度。

环境规制的强度不仅取决于标准的制定，其最终效果更加具有表现力，因此环境规制制定后，环境的达标情况才是规制强度的真实反映。很多学者应用各种排放物的排放达标情况作为环境规制强度的指标。Henderso、Becker, et al.、Greenstone（2002）都曾采用美国清洁空气法案（NAAQS）中规定的六个指标的达标率判定各地区环境规制的严格程度。刘志忠使用污水排放达标率来反映各行业的环境规制水平，并且考虑到环境规制的时滞影响，使用滞后一期的指标值。钱争鸣、刘晓晨（2015）认为，二氧化硫的排放量是我国"节能减排"政策的主要考核指标，因此用各地区二氧化硫排放达标率来测算环境规制比较符合实际。

2. 污染物相关的绝对指标

征收的税费总额。市场型的环境规制一般采用征收庇古税的方法，因此各国各产业对污染物征收税率的高低可以显示出环境规制的严格程度，Levinson（2012）以美国不同州设定的有害废弃物处理税衡量不同区域的环境规制强度。Ménière Y. et al.（2011）在研究中也使用燃油税作为环境规制强度指标。张倩（2015）认为，当前我国的环境市场体系还不健全，排污权和排污税等工具不能有效地发挥作用，而排污收费制度实施较早，政策稳定，因此用排污收费作为衡量市场激励型环境规制执行情况更加准确。Dean（2005）采用"污水费征收总额"表示规制强度研究中国对外资吸引力的变化。

企业污染物治理支出额。张晓莹（2005）从企业行为角度分析了如何选择合适的指标。在政府更新环境规制后，企业为了合规，必然会改变环境治理支出或清洁技术的研发投入，所以企业的治污费用、治污资本投入和研发费用等环保支出变化是可以反映环境规制强弱的。在国际上，由于美国普查署从1973年开始，每年公布《产业报告：环境治理的成本与支出》，报告中会公布美国标准产业目录（SIC）中编码从20到39的制造业产业为了环境合规而付出的资本支出数据和运营成本数据——PACE（Pollution Abatement Costs and Expenditures）。从20世纪90年代开始，欧洲统计局也开始发布类似的数据。污染减排成本（PAC）成为美国和欧洲研究者最常用的衡量环境规制强度的指标。Gollop M. & Roberts J. 最早使用了SO_2减排成本作为环境规制变量研究美国用石化燃料的电力行业的发展情况。随后Kalt、Gray & Shadbegian（1993），Domazlicky & Weber（2004）等研究者都在各自的实证性研究中采用了PAC指标作为环境规制强度的度量。Gray、Shadbgian、Arimura（2009）用工业废气污染治理费用作为工业废气排放的管制强弱指标。国内的研究者中，赵红（2012）使用废水及废气污染处理设施的运行费用作为衡量行业环境规制强度的指标。Chih-Hai Yang, et al. 在研究环境规制对工业产业的研发和生产率提升是否有促进作用时，采用废水、废气、固体废弃物及噪声治理的支出额测算环境规制强度。

工业污染治理投资额。工业污染治理投资也是污染治理支出的重要组成部分。由于污染治理投资往往既有公共部门的资金也有企业资金，所以既体现了对企业规制的效果，也直接体现了政府的规制强度。美国国会预算办公室（US CBO）在 1985 年的一项研究中就以污染治理投资支出衡量环境规制强度。还有一些研究者如 Jug and Mirza（2005）、Cole & Elliott（2007）则将污染治理投资与污染物处理设施运行费用加总后作为环境规制强度的衡量指标。国内的研究者中，闫文娟等采用单位废水排放量的工业污染治理投资额来衡量地区的环境规制。应瑞瑶和周力（2006）采用"治理污染投资量"作为相应的指标。

污染物排放量。污染物排放量是企业遵从环境规制政策而做出的反应，单位产出的排污量大表明环境规制松，反之说明环境规制严。一些研究者根据这一逻辑选用某一种或多种污染物的排放量作为环境规制强度的度量。Kolstad（2002）采用经济体排放的二氧化硫总量作为衡量指标。

张平淡、何晓明（2014）指出，在"十一五"之初，中国环保部门提出要加快推进环境保护的历史性转变，工业二氧化硫和工业COD均属于"十五"和"十一五"期间强制减排的主要污染物，因此两者的排放量变化可以测度中国环境规制强度的变化。包群、邵敏等认为污水、二氧化硫、粉尘以及固体废弃物在内的各类污染物排放量能够直观地反映地方环境质量的水平变化。因此将各种污染物排放量的综合作为衡量环境规制强度的指标。

3. 污染物相关的相对指标

用绝对指标反映环境规制强度虽然比较直观，但是也存在明显的缺陷，即容易受到其他因素的干扰，例如污染物排放量经常与经济规模与产出水平呈正向关系。（Claire Brunel & Arik Levinson，2012）因此对于不断发展变化中的经济体，绝对指标不能很好地体现环境规制的变化情况，影响了环境规制强度的可比性。而相对指标成为研究者们更加热衷的选择。

污染物治理支出强度。Grossman & Kruger（1991），Isern J., Bravo E.（2006）在研究环境规制时用企业减排成本与产业增加值的比值作为企业减排强度指标来衡量环境规制强度，Ederington & Minier、Levinson & Taylor（2012）则以产业总成本与污染物减排成本之比作为环境规制强度指标。Gray（2010）和 Lanoie, et al.（2013）等则用各行业废气和废水治理设施当年运行费用占本行业主营业务收入之比作为衡量标准。国内的研究者中，景维民、张璐也采用这一思路，得到污染排放治理费用率，间接刻画环境管制强度。王勇、施美程等则选取工业各行业废水、废气污染治理设施的运行费用占规模以上工业企业增加值的比重和工业各行业污染治理设施运行费用占主营业务成本比重两个指标，共同反映环境规制强度。

污染物治理投资强度。也有研究者选择使用污染物治理投资额与产业增加值、产业总投资额的比值得到相对指标来衡量环境规制强度。Aiken, et al.（2010）使用污染减排资本支出占总投资支出的比重作为指标。郭红燕和韩立岩用工业污染治理投资额占工业增加值的比表示环境规制的严格程度。张成、陆旸（2011）用各省份治理工业污染的总投资与规模以上工业企业的主营成本、工业增加值的比值分别作为度量环境规制强度的指标。曾贤刚采用"污染治理投资/GDP"和"排污费/GDP"双重指标衡量规制强度。

污染物排放强度。Smarzynska and Wei（2004），使用铅、二氧化碳和污水的排放量与 GDP 的比值衡量环境规制强度。李璇、薛占栋（2014）用一个地区的单位工业增加值的碳排放量（排放强度=CO_2 排放量/地区工业增加值）来衡量环境规制强度。比值越大表明单位工业增加值的碳排放越多，环境规制的执行力越小。SO_2 排放是中外学者广泛关注的一个指标。盛斌、吕越认为，我国的能源结构以煤炭为主，燃煤产生的二氧化硫造成的大气污染是我国环境污染的主要形式，可以用 SO_2 排放量来衡量环境规制强度。除了用排放量与其他经济量构建相对指标外，也有研究者用不同地区同一污染物的相对排放强度构建指标，如江珂（2014）用某个外资来源国的 CO_2 排放量除以

我国 CO_2 排放量来表示环境规制相对力度。

4. 其他常用的定量指标

在投入型指标中，除了经济上的投入，企业设立的环境机构和工作人数的数量也是环境投入的衡量，Levinson（2013）使用企业平均拥有的环境机构的工作人数作为环境规制强度的衡量指标。环境检查的次数和行政处罚的次数可以反映执法是否严格。Alpay 等（2002）选取媒体报道的相关部门对环境的检查次数作为墨西哥规制强度的代理指标。Cole 等（2008）使用与环境保护相关的行政处罚案件数作为地区环境规制强度的替代指标。Pargal & Mani（2000）用被环境部门归档的诉讼案件数量测量印度各州的环境规制强度，同时使用各州的工厂数量对这一指标进行标准化处理，其目的在于控制各州在工厂数量上的差异对环境规制行为和诉讼案件数量的影响。Dasgupta, et al.（1995）指出，一个国家的收入水平与环境规制程度具有很高的相关性，因此可以使用人均 GDP 反映环境规制的强度，陆旸（2012）延续了这一思路，用人均 GNP 作为环境规制的代理变量。

（三）综合性指标

单一定量指标虽然具有较强的客观性和针对性，便于横向的比较，但是对环境规制产生的政策效应衡量也比较片面，不能很好地反映环境规制政策的整体强度。因此将多个单一指标融合成为综合指标也受到研究者的青睐。在构建综合指标时，研究者们主要采用标准化、因子分析、熵值法等方法。

1. 多种污染物指标的综合

绝大多数工业企业或者工业的某一个产业排放的污染物不只是一种，因此，将不同种类的污染物指标通过某一方式综合成为一个指标，能够更加真实地刻画环境规制的水平，也便于行业间、国家间的比较。Van Beers 和 Van den Bergh（1997）采用 7 项反映环境质量的指标①通过排序赋值法得到各个国家在分项指标上的排序值,将分项排序值加总得到总的国家排序值,用排序值除以赋值总分得到一个介于0—1之间的环境规制综合强度指数。张倩(2015)选取工业废水排放达标率、二氧化硫排放达标率、烟尘排放达标率、粉尘排放达标率、工业固体废物综合利用率、工业固定废物处置率6个单项指标进行标准化、加权并加总得到综合指标来评价命令控制型环境规制强度。②

傅京燕、李丽莎构建了一个由目标层、三个评价指标层(废水、废气和废渣)和一些数据可得的单项指标层构成的三级ERS综合指数衡量一国的环境规制强度。并基于中国各类污染物排放的严重程度以及数据的可得性,选择废水排放达标率、二氧化硫去除率、烟尘去除率、粉尘去除率和固体废物综合利用率五个单项指标来衡量中国环境规制。

2. 对环境规制全流程的综合

目前环境的市场价值实现还没有得到彰显,在全球范围内,主要的环境规制都带有明显的"自上而下"的政策特色。环境规制的强度不仅取决于政策的高标准,也在于是否得到了严格的执行。Caspar(2008)认为环境规制是一种投入产出的过程,对环境规制的衡量应该包含投入、过程和结果三个方面。Lammertjan Dam 和 Bert Scholtens(2012)按照政策从制定到发挥作用的流程,将"环境政策""环境管理""环境改善情况""环境绩效对进步的影响"四个指标运用因子分析法进行综合,来反映环境规制强度。王奇、刘巧玲选择了地方环境保护法规数量和标准数量两个指标衡量环境规制政策严格程度,同时选用建设项目环评执

---

① 七个指标分别是1990年受污染面积占国土面积比;1990年无铅汽油国内市场占有率;1990年的纸张回收率;1990年玻璃的回收率;1991年污染物处理厂从业人数占总人口比;1980—1991年间能源强度变化;1980年能源使用量与GDP的比值。

② 笔者认为以"工业三废"数据而将"生活三废"排除在外,更能反映环境规制的执行力度和污染治理效果。

行率、三同时执行率、工业废水达标排放率、工业二氧化硫达标排放率四个指标衡量环境规制执行的严格程度，并通过熵值法确定各个指标权重并综合，来衡量环境规制的严格程度。

表 2-1　　　　　　　综合环境规制流程的指标体系

目标层	准则层	指标层
环境规制严格程度	环境规制政策严格程度	地方环境保护法规数量
		地方环境保护标准数量
	环境规制执行严格程度	建设项目环评执行率
		三同时执行率
		工业废水达标排放率
		工业二氧化硫达标排放率

资料来源：王奇、刘巧玲、夏溶矫：《基于全过程分析视角的环境规制度量研究》，《生态经济》2014年第11期。

李钢、李颖（2014）从成本和收益的角度，将环境规制指标区分为投入型指标和绩效型指标。投入型指标可以衡量企业遵循环境规制的直接成本，也可以衡量政府、环保机构为实施规制、保证规制效果所付出的成本。其中，企业的直接成本包括资本设备投入以及治污设施运营维持费用。绩效型指标反映了企业在政府环境规制下的污染水平，即体现了政府环境规制的绩效。徐盈之、杨英超（2012）认为这种绩效是非市场化的收益，他们从环境规制的成本和收益两个方面，建立了四个层级的环境规制指标体系衡量环境规制强度水平。

表 2-2　　　　　从成本和收益角度构建的环境规制指标体系

一级指标	二级指标	三级指标	四级指标
中国环境规制效率评价指标体系	环境规制的成本指标	人力投入指标	环境行政主管部门的人数
		物力投入指标	环境污染治理设施数
		财力投入指标	环境污染治理投资总额
			环境污染治理投资率

续表

一级指标	二级指标	三级指标	四级指标
中国环境规制效率评价指标体系	环境规制的收益指标	污染控制指标	工业烟尘排放达标率
			工业粉尘排放达标率
			工业二氧化硫排放达标率
			工业固体废物利用率
			城市污水处理率
		环境质量指标	化学需氧量排放量
			工业废水排放达标率

资料来源：徐盈之、杨英超：《环境规制对我国碳减排的作用效果和路径研究——基于脉冲响应函数的分析》，《软科学》2015年第4期。

Botta. E. & T. Koźluk（2014）构建了基于能源部门的扩展的综合指标体系，衡量整个经济部门的环境规制强度。他们构建的指标体系分为两个部分，第一部分是针对能源部门[①]的基础指标。实际上，这些指标主要注重电力的生产方面的政策[②]，当然这些政策也应用到了其他部门。选择能源部门作为基础指标的原因有四个。第一，这一产业可以获得政策强度测算的时间最长，覆盖的国家最多，具有较强的数据可得性。第二，该产业是在国民经济中发挥了基础性的作用，与其他产业的相关联程度很强。也就是说，环境政策对某一产业的规制力度，可以从该产业的能源生产察觉出来。第三，能源生产是温室气体的主要来源，同时也造成了空气污染。第四，对于使用不同能源和燃料的发电商，不同规模的发电企业，各个国家的环境规制基本都可以覆盖，因此指标体系也有广泛的覆盖面。

表2-3　　　　　　基于能源部门的规制工具和评价依据

规制工具	评价依据
CO_2排放贸易计划	一单位CO_2配额的价格

---

① 国际标准产业目录（ISIC4）中 D35 产业：电力、热气、油气的生产、运输和分配。
② 核电不在考虑之列。

续表

规制工具	评价依据
可再生能源认证贸易计划	可再生电力占比
能源认证排放贸易计划	每年节约的电力占比
SO_2 排放贸易计划	一单位 SO_2 配额的价格
CO_2 税	税率
SO_x 税	税率
NO_x 税	税率
风电上网电价补贴	每千瓦时的补贴额
光伏电上网补贴	每千瓦时的补贴额
风电上网保险计划	每千瓦时的保险额
光伏电上网保险计划	每千瓦时的保险额
对新设火电厂的颗粒物排放限制	颗粒物浓度标准
对新设火电厂的硫化物排放标准	硫化物浓度标准
对新设火电厂的氮化物排放标准	氮化物浓度标准
政府针对可再生能源技术支出的研发支出	占 GDP 的比重

资料来源：Botta E., Koźluk T., Measuring Environmental Policy Stringency in OECD Countries, Oecd Economics Department Working Papers, 2014.

从选择的指标来看，衡量的环境规制工具非常广泛，既有市场激励型指标，也有命令—控制型指标；既有标准中的约束性指标，也有政府扶持性指标；既有投入型指标，也有绩效型指标；既有绝对指标，也有相对指标。

第二部分指标是拓展的指标，嵌入了三个额外的规制工具。这三个额外的指标主要关注温室气体和空气污染物，代表了更加广泛的环境政策。使得指标体系可以适用于整个经济体。

表 2-4　　　　拓展到所有经济部门的环境规制工具和评价依据

规制工具	评价依据
柴油产业税	运输行业中使用一升柴油所交的税
押金返还制度	虚拟值
柴油中硫含量标准上限	国家标准中内容

资料来源：Botta E., Koźluk T., Measuring Environmental Policy Stringency in OECD Countries, Oecd Economics Department Working Papers, 2014.

二　当前环境规制指标依然面临的挑战

数据的可得性是长期以来困扰环境规制测度的问题。早期的环境规制国际比较研究中，就存在美国公布 PACE 数据，而欧洲的类似数据直到 20 世纪 90 年代后期才出现。即便是美国的 PACE 数据，表面上很理想，因为直接来源于各个企业的经理人，但实际上也很难准确地反映减排成本，因为其包括了一些并非由于环境规制强度变化导致的费用（Claire Brunel, Arik Levinson，2016）。王勇、李建民指出目前使用的大量指标存在着数据缺失的问题，在实证分析时，面板数据方法很难得到使用，并且这些指标经常具有序数特征，环境规制的边际效应难以测量。

此外，不同区域标准的复杂变化也影响了这些指标的使用。例如我国在 2014 年下发了《关于调整排污费征收标准等有关问题的通知》之后，各个省市都对排污费做了调整。北京将收费标准调高了 6—8 倍、天津调高了 4—6 倍；河北则分三步调整到原来的 2—5 倍，湖北分两步调整至 1—2 倍。不同区域的标准变化差异增加了跨区比较的难度。

此外，就环保投资而言，《中国环境年鉴》统计的投资内容涵盖了工业污染源治理投资、建设项目"三同时"环保投资、城市环境基础建设投资和环境影响评价申请项目的环保投资额。国内很多实证文献使用工业污染治理投资来测量环境规制强度，但从 2005 年以来，工业的污染治理投资变化较小，主要变化都表现在"三同时"[1]环保投资上。从 2005 年到 2011 年，工业污染治理投资额仅增长了 1.09 倍，而"三同时"环保投资则增长了 4.2 倍。这些统计科目的变化对传统的环

---

[1] "三同时"制度，是指一切新建、改建和扩建的基本建设项目、技术改造项目、自然开发项目，以及可能对环境造成污染和破坏的其他工程建设项目，其中防治污染和其他公害的设施和其他环境保护设施，必须与主体工程同时设计、同时施工、同时投产使用的制度。

境规制指标的准确程度产生了很大的影响。

由于环境问题本身的复杂性，环境规制也面临着多维性问题。这一点从规制的对象上就明显表现出来，环境媒介包括空气、水、土壤，污染物又包括硫化物、氮化物、污水、废弃物、有毒化学物质，等等。有一些规制针对的是住户部门，有一些则针对产业部门。有一些规制应用了市场化的激励手段，有一些规制则采用传统的命令控制方法。规制工具本身的复杂性导致了单一指标不能有效反映环境规制的总体强度，而多项规制强度指标又缺乏相互比较性。

Bemelinans-Videc, et al.（1998）从环境政策的作用机制角度把环境规制分为经济激励、法律工具和信息工具三类。Lundqvist（2000）在此基础上做了进一步的细化，把环境规制的内容分为：物质的、经济的、信息的、组织的、法律的五类。世界银行则把环境规制机制分为"利用市场的""创建市场的""直接的环境规制"和"公众参与的"四类。孙启宏在其基础上将国内非市场化的环境规制工具又划分为命令控制型政策工具和信息披露型政策工具。

表 2-5　　　　　　　　主要环境规制工具的分类

主题	政策手段			
	利用市场的政策工具	创建市场的政策工具	命令控制型政策工具	信息披露型政策工具
资源管理和污染控制	征收环境税	可交易的许可证与配额制度	制定标准	生态标准
	减少补贴	明确产权/分散权利	发布禁令	资源协议
	使用费	国际环境补偿体系	发放许可证及配额	环境认证
	押金—返还制度			公众知情计划
	专项补贴			

资料来源：孙启宏、段宁，2005，《循环经济与环境规制》，《环境经济问题》第8期。

虽然众多研究者采用综合性指标体系将多样的环境规制工具融为

一体进行比较，但是科学有效的综合依然是一个有待解决的问题。

Botta. E. & T. Koźluk（2014）认为，一些研究者研究经济增长、产业竞争力与环境规制强度之间的关系。但是一些因变量与环境规制的变动存在并发性（Simultaneity），不能证明变量变动之间的因果关系。例如通过企业调查得到的企业家对环境规制强度的感受完全取决于经济周期。Brunel and Levinson（2013）指出环境规制是为了限制排放水平，但是排放水平同时也是决定规制强度的一个重要因素，高污染水平和强规制水平很可能是同时存在，而影响评判。虽然现在的研究者采用自然实验或者选择代理变量的方式规避这一问题，但是自然试验的机遇需要漫长的难以预测的等待，寻找合适的代理变量也并非易事。

很多学者采用不同的指标进行测算得到了相互背离的结论。李玲、陶锋以废水排放达标率、二氧化硫去除率和固体废物综合利用率三个指标为基础，测算了28个制造行业从1999年到2009年间的环境规制强度，结果显示我国环境规制强度在总体上是上升的[①]。

但是，不止一位国内的研究者指出，一些传统的已经被广泛使用的测量环境规制强度的指标，不论是有关污染物的定量指标还是相对指标，都显示出我国环境规制强度呈现下降趋势。蒋伏心、纪越等（2015）在系统地分析环境规制强度对生产技术进步的影响过程中采取了9种常用的度量环境规制强度的指标（见表2-6）。在列出各项环境规制指标本身变化趋势后发现，从1996年到2010年，9个指标中，有6项呈现下滑趋势，有1项保持平稳，仅有SO_2排放达标率和单位GDP能耗两个指标是上升的，由指标反映出我国环境规制强度在整体

---

① 文章将28个制造行业分为重度污染行业、中度污染行业和轻度污染行业。从1999年到2009年，重度污染行业的环境规制指数从2.173上升到4.102；中度污染行业环境规制指数从0.127上升到0.298；轻度污染行业环境规制指数从0.218转为0.194，在总体上看，环境规制强度显示出上升的趋势。

上是下降的。

表 2-6　　　　　　常用的环境规制强度指标显示出的趋势

	指标名称	趋势
1	废气、废水的治理设施运行费用/GDP	下降
2	废气、废水的治理设施运行费用/主营业务成本	下降
3	SO_2 达标率	上升
4	废水排放达标率	2003年后持平
5	污染治理支出占 GDP 的比重	下降
6	污染治理支出/主营业务成本	下降
7	排污费与主营业务成本的比值	下降
8	排污费与 GDP 的比值	下降
9	单位 GDP 能源消耗量	上升

注：各指标统计区间1996—2010年。

王勇、李建民（2012）对广泛使用的环境规制指标——单位产值的工业污染治理投资进行了研究，认为这一指标会低估环境规制强度，并且忽略区域产业结构不同带来的影响。而通过构建无量纲化的单位排放污染物的广义投资（包括的三同时环保投资）指标进行衡量，则得出与传统方法不同的结果[①]。

李钢、姚磊磊等（2009）指出，如果按照广泛使用的环境规制成本的思路，用工业污染物处理成本与工业总产值或工业增加值的占比来衡量环境规制强度，[②]通过计算可以发现，从1996年到2007年，我国的环境规制强度在两个区间段上都是递减的[③]。

---

① 作者通过不同的指标得到各省市的环境规制排名，发现两种评价体系下，从1998年到2012年北京的环境规制强度变化排名相差19位。
② 考虑到数据的连续性，选用了二氧化硫、污水和烟尘粉尘三种污染物。
③ 2001年的高点则是由于统计数据分行业口径的变化造成的，成为两个阶段的分界点。

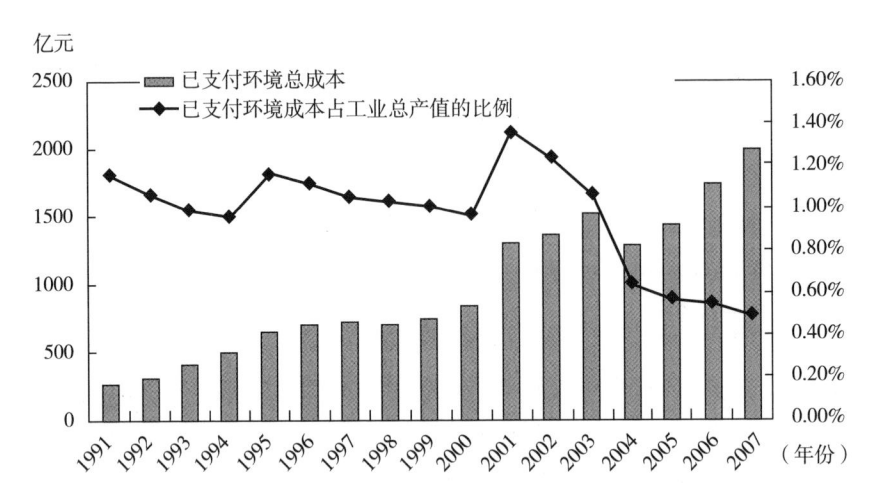

图2-1 以污染物治理成本占工业总产值比衡量的我国环境规制强度变化

资料来源：李钢、马岩、姚磊磊，2010，《中国工业环境管制强度与提升路线——基于中国工业环境保护成本与效益的实证研究》，《中国工业经济》第3期。

但是这一衡量方法并没有考虑到中国的产业清洁度变化。他们计算了工业环境总成本，发现其占工业总产值或工业增加值的比重也是下降的。说明中国工业的清洁度本身是下降的。他们以环境已支付成本与工业环境总成本的比值作为环境规制强度的衡量指标，则发现环境规制强度存在上升趋势。

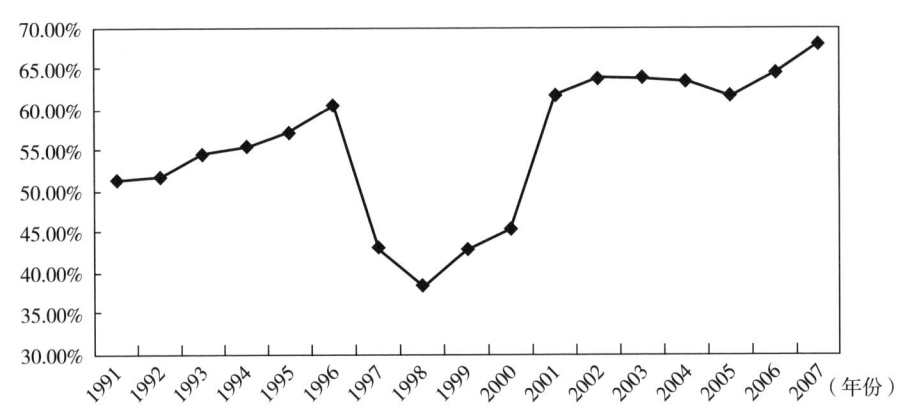

图2-2 以环境已支付成本占工业环境总成本比衡量的我国环境规制强度变化

资料来源：李钢、马岩、姚磊磊，2010，《中国工业环境管制强度与提升路线——基于中国工业环境保护成本与效益的实证研究》，《中国工业经济》第3期。

三 环境规制强度衡量方法发展趋势

（一）以定量指标取代定性指标方法

在环境规制研究的早期由于统计数据的缺失，跨国比较经常采用问卷的方式进行，参与调查的专家或者经理人根据自身了解的信息和感受对环境规制进行评价。Walter 和 Ugelow（1979）以及世界经济论坛（WEF）最早构建的环境规制强度指标都是如此得到的。但随着全球对环境问题的重视形成共识和各国统计体系的逐渐完善，在全球比较的研究中，定量指标逐渐替代定性指标成为主流。例如 WEF 逐渐淡化了原来自己构建的环境规制强度指标体系，而与耶鲁大学和哥伦比亚大学联合发布环境绩效指数（EPI），这一指标体系则是完全建立在定量指标的基础之上。

（二）指标值的价值量化

国内外许多学者在进行环境规制对经济增长及出口影响方面的研究时对污染物用物理量来衡量，董敏杰、梁泳梅（2011）认为，采用这种方式，各种污染物在量纲上难以加总，并且也难以从经济意义上度量环境管制强度的变化程度。而以各种污染物的虚拟治理成本来衡量环境管制强度，一方面可以把不同污染物加总，另一方面也可以较好地从经济意义上度量环境管制强度的变化程度。有些学者在选择环境规制的代理变量时就实现了指标的价值量化。如 Kheder S. B., Zugravu N.（2008）用 GDP / Energy 度量环境规制的严格程度，傅京燕（2005）也用 GDP / Energy 衡量一国的环境规制严格程度。

（三）涵盖更加广泛的人类活动

早期的环境规制强度测定方法把主要的注意力锁定在了工业领域，但在研究的发展过程中，关注点逐渐延伸到整个经济领域，现在已经开始涵盖更加广泛的人类活动。OECD发布的环境政策强度指数（EPSI）所用的指标体系，第一部分也是聚焦于工业领域，特别是能源部门，而通过第二部分指标的拓展，使得这一指标体系可以覆盖到所有经济活动。

Dasgupta, et al.（2002）为世界银行构建的环境规制强度指标体系时，就意图覆盖空气、水、陆地和生物资源四个领域。但由于数据不健全，仅覆盖了25个国家。从2004年开始，耶鲁大学、哥伦比亚大学与世界经济论坛联合定期发布的EPI指数则依托健全的数据，涵盖了健康影响、空气质量、水与环境卫生、水资源、农业、林业、渔业、生物多样性与栖息地、气候与能源九大板块，参评国家达到180个。

表2-7　　　耶鲁大学、哥伦比亚大学和世界经济论坛EPI指标体系

政策领域与具体指标					
1	健康影响				渔业
	1	儿童死亡率	7	11	沿海大陆架渔业压力
2	空气质量			12	鱼类资源
	2	室内空气质量		生物多样性与栖息地	
	3	PM2.5的平均暴露水平		13	国家生物群落保护
	4	PM2.5超标水平	8	14	全球生物群落保护
3	水与环境卫生			15	海洋保护区
	5	洁净饮用水普及率		16	关键栖息地保护
	6	卫生设施普及率		气候与能源	
4	水资源			17	碳排放强度趋势
	7	废水处理	9	18	碳排放强度趋势变化
5	农业			19	用电人口比重
	8	农业补贴		20	每kWhCO$_2$排放趋势
	9	农药管制				
6	林业				
	10	森林覆盖率变化				

资料来源：笔者翻译整理自 *Global Metrics For The Environment*。

从环境规制的主体来看，虽然环境规制主要是政府行为，但对于环境的保护也是人民大众的普遍要求。人们虽然很难直接参与环境保护政策的制定，但是可以通过公共舆论反映大众的要求，对环境污染者形成舆论压力，与环境政策形成联动。徐圆在构建环境规制强度的指标体系时，设置了正式的规制和非正式规制两部分内容。并且通过谷歌趋势（Google Trend）提供环境相关问题的搜索指数和公开媒体上关于环境污染新闻的报道数量来衡量非正式环境规制强度。

在全球化的时代，一个国家的环境保护意识和环境政策不仅受到本国国情的影响，同时也受到世界其他国家环境保护要求的影响，因此环境领域的国际合作情况也被考虑到环境规制的测度中。Smarzynska and Wei（2004）采用一国对欧洲经济委员会主导的四个国际环境条约[①]的参与程度来衡量环境规制水平。陆菁采用一国政府参与国际环境合作协议的数量作为反映环境规制强度的指标。

第四节　环境规制对国际贸易影响

一　"污染天堂"假说及其验证

"污染天堂"假说（Pollution Haven hypothesis）最早由 Banmol and Oates 在 1988 年提出。该假说的理论基础是要素禀赋说，该假说对环境要素和环境标准对于生产要素、贸易过程中比较优势的变化进行了逻辑推理。在两国模型中假设环境资源有限的国家采用高环境标准，

[①] 四个公约分别是：the Convention on Long-range Transboundary Air Pollution; the Convention on Environmental Impact Assessment in a Transboundary Context; the Convention on the Transboundary Effects of Industrial Accidents; the Convention on the Protection and Use of Transboundary Water-courses and International Lakes。

在生产和国际贸易中比较优势集中于清洁型产品上。而另一个国家环境要素相对充足，因而环境标准的设定使其在污染密集型产品的生产上更加具有比较优势。在上述设定下，国际贸易中可能会出现的情况是污染密集型产品的贸易流是从环境低标准国家流入环境高标准国家。贸易比较优势的差异主要来源于环境标准对生产成本的影响。当假设资本要素进行国际流动不受到环境规制限制的情况下，污染密集型产业资本会选择从高环境标准国家向低环境标准国家转移，使环境标准低的国家变成世界的污染天堂。

通过实证分析对污染天堂假说进行验证的文章广泛存在，由于一直没有形成一致性的结论，导致了该假说一直存在争议。有些证实结果为假说提供了证据，但大多数研究显示污染天堂假说可能只是存在于部分产业或某些国家，或者根据这些国家和产业本身的政策调整和技术发展相关。本书在对这些文章梳理后展示了几个比较有影响力的实证分析。Levinson、Taylor（2008）对北美自由贸易区国家间贸易和污染情况进行了分析。在分析中，美国是假说中的发达国家，环境规制强，墨西哥和加拿大环境规制弱。研究使用了132个产品部门从1977年到1986年之间的数据。根据作者估计的污染减排成本对贸易量的影响，当美国生产部门的污染减排成本每增加1%，加拿大和墨西哥对美国的出口会有所增长，分别增长0.4个和0.2个百分点。这一研究从贸易流量上对污染天堂假说形成了支持。

Wheeler（2001）研究了国家和地区间FDI对当地空气污染的影响趋势并通过美国、墨西哥、巴西和中国的数据做了实证分析，研究结果并不支持污染天堂的存在。研究认为该假说的基本假设与事实情况严重不符，存在明显的偏误。Wheeler在文章中表示，根据调查数据，对很多企业来说，污染控制费用在产品生产总成本中占有的比例很低，并不会对生产决策造成太大的影响。假说也没有考虑到发展中国家经济发展对环境规制的调整作用。虽然经济落后存在环境规制宽松的状况，污染型企业也会受到政府惩罚和非政府机构的舆论监督，并且在整个社会收入水平的提高过程中，政府也会逐步提升环境规制强度。从其他影响环境规制的因素来看，产业技术的发展，融资政策的变化和媒体关注影响力等都会对企业控制污染和生产转移方面造成影响，并且这些因素比正规的环境规制的影响更大。Wheeler 还指出，由于广泛的 FDI 的存在，发展中国家的污染型产业中引入了很多国际企业，这些企业经常会采用与母国较高的环境规制相适应的生产技术和规章制度进行生产运营，因此，环境规制方面存在的差距虽然有影响，但并不会导致污染天堂假说描述的严重后果。

通过实证分析得到环境规制对贸易流量影响小的学者还有 Tobey（1990），他收集了 58 个国家的贸易和环境数据，把这些国家根据收入情况分为高、中、低三类，同时把这些国家的贸易品分为污染密集型商品和清洁产品，测算了环境规制措施对不同类型的产品的贸易条件的影响情况，结果显示环境规制的变化对污染密集型商品出口的影响比人们意识的要小很多。Tobey 认为，虽然严格的环境规制措施提高了企业成本，但是成本比重并不能产生重要的影响。

Van Beers 和 Vanden Bergh（1997）在实证中对原来作为一类的污染密集型产品细化为资源型产品和非资源型产品，研究结果显示环境规制对不同类别的污染密集型产品的出口影响较大，对资源型产品的出口限制作用较大，但对非资源型产品的限制作用不显著。分析认为之所以对资源型产品出口影响大是因为环境规制限制了资源要素在国际上的流动性。

从贸易动因的角度来看，"污染天堂"假说实际上就是把环境要素纳入到生产要素中，由于要素禀赋的差异带来了贸易活动。Chichilnisky（1994）使用南北贸易模型分析了产权与国际贸易的交互作用。在假设中，所有的国家的居民偏好和要素禀赋都相同，产品生产技术也相同，环境资源也是生产要素之一。在模型中 Chichilnisky 引入了环境要素的产权变量。环境资源产权制度在模型中的南方国家和北方国家是不同的。北方国家的环境资源是可以属于私人的,但在南方国家,环境资源由国家掌控。Chichilnisky 指出南方与北方国家正是由于产权制度的差异形成了要素禀赋在表面上的差异并形成了贸易的动机。而在国际贸易的过程中,环境资源不合理分配的状况进一步恶化,南方国家对自然资源开发过度,生产的资源型产品大量出口,而北方国家本地生产资源型产品少,消费进口的资源密集型产品多,导致资源价格低于世界平均价格。Chichilnisky 由此指出改善国际贸易中的环境不平衡,提升全球环境质量,应当更加注重南方国家的产权政策改善。

Mani 和 Wheeler(1997)的实证研究发现"污染天堂"只是一种短暂的现象,在长期并不值得担忧。他们通过收集从 1960 年到 1995 年 16 个国家的工业生产和贸易数据,从一个较长的历史范围来考察"污染天堂"的存在性。他们研究的国家涉及美国、加拿大、日本、欧洲的传统大国以及亚洲和北美的发展中国家,例如墨西哥等国。在经济变量方面,考虑到了收入增长、能源价格、土地价格、贸易结构和环境规制之间的关系。研究发现污染密集型产品和产业在 OECD 国家的制造业产业占比不断下降,而在发展中国家的产业比例稳步上升。污染密集型产品在国家间流动情况也和生产情况一致,在这一时期发达国家的环境治理成本快速上升。研究还发现,当发达国家环境治理成本因为规模效应或者技术效应显著降低而发展中国家逐步提升环境规制强度的时候,"污染天堂"的存在路径就会消失。

FDI 作为国际贸易的深化形式,也是研究者关注的重点。对污染天堂假说的验证也包括了污染密集型产品生产企业的长期选择行为。Becker 和 Henderson(2000)对美国企业从 1963 年到 1992 年的投资布局变动的情况角度对环境规制影响力进行了考察。该研究测算了环境规制对污染企业布局的影响力,环境规制最严格的区域污染型企业的存在率比环境规制最宽松的地区能下降 45%。这一研究也对"污染天堂"假说提供了证据。但总体而言，该假说并不能成为一个有效的理论，也没有形成一致的共识。

二 "波特假说"及其验证

从贸易竞争力的角度来看，"污染天堂"假说阐述了环境标准的提升削弱了发达国家污染密集型企业的竞争力，从而导致产出减少或者企业的迁移。但是 Porter（1991）与 Porter & Linda（1995）认为环境规制降低企业竞争力只是一个静态的考虑，如果延长观测时间，动态地看，企业在主动调整适应环境规制的过程中，技术水平提高，企业竞争力也得到提升。这一观点被称为"波特假说"。

波特假说的理论基础源于 Schumpeter（1947）的创新理论，但该假说的一个重要的特点是它并不考虑消费者对环保意识的变化情况。它只是考虑依靠经济激励及企业利润来激发技术创新保障企业的环境合规。但实际上很多调查表明，随着经济发展，全球的消费者对绿色产品的需求大幅增加。消费意识的变化导致全球各地的很多企业，特别是跨国企业通过开发环保产品和投资于污染控制来做出回应。随着绿色消费者需求的增加，先进绿色技术所需的市场空间更大，并且更加可持续。如果实施绿色消费，"波特假说"似乎更容易实现。这会使得对政策的可接受成本和收益的可达到性的证明非常重要。Constantatos 和 Herrmann（2011）也对波特假说做过验证研究，他们假设的市场模式是寡头模式，并且研究中假设消费者对产品的环境性的认识存在时滞性。如果监管不同时采用环境技术，企业可能由于成本较高而单方面损失利润，并且由于较高的产品价格市场份额减少。但是 Herrmannd 等人的研究只是一个半静态的分析，他们假设了消费者对环境的认识存在时滞性，但是在时间变化过程中，他们没有考虑到企业对这个问题的回应，和政府政策对于这个变化的应对措施，特别是厂商的静态反应并不符合波特假说的后续逻辑。

Frankel（2002）在他的研究中加入了厂商对消费者态度的反应。研究指出消费者对清洁产品的接受度快速提升会激发企业进行清洁技术创新，导致首先在一个国家内部，进而通过出口导致全球市场上的污染密集型产品减少。那么原有的由于环境资源丰富和环境规制强度低带来的国际竞争优势将向优先进行技术提升的国家转移。Sorsa（1994）在其研究中通过对北美的美国和墨西哥两国4个污染型产业的86个厂商的产品出口和技术变化的实证分析，验证了在环境意识提高的过程中，厂商提前研发利用环境友好型技术，可以获得先动优势，当国家逐步提升环境规制强度时，这些厂商会获得充分的技术红利。

第五节　国际贸易的隐含污染测算

Leontief不仅是一般性投入产出模型的构建者，也在20世纪70年代研究了环境问题，并将污染纳入到了投入产出模型之内，构建了环境I-O模型。1974年，国际高级研究机构联合会（International Federation of Institutes for Advanced Studies）第一次在投入产出方面提出了（Embodied）"隐含"的概念，以衡量产品或服务在生产过程中直接与间接消耗的能源总量。与隐含的能源相类似，"隐含污染"（Embodied Pollution）指的是产品或服务在生产的过程中，与之相应的直接和间接排放的污染总量。通过这一概念，研究者们可以更加准确地衡量一国或地区的对外贸易对其生态环境造成的影响。

近年来，研究者对贸易的隐含污染物的测算主要集中在二氧化碳和二氧化硫方面，Glen P.Peters、Edgar G. Hertwich（2006）测算了挪威的二氧化碳隐含排放量。Nieole A. Mathys（2008）测算了多个国家隐含二氧化硫的排放量。国内的研究者中，程永明（2006）、周静（2008）等人测算了我国部分年份的二氧化硫和二氧化碳的隐含排放量。

研究者们在进行多国隐含污染物测算时多选取二氧化硫、二氧化碳、氮化物等作为目标主要是由于可以采用OECD公布的多国投入产出表和能源排放系数，数据可得性比较好。但是由于排放系数仅仅考虑了能源方面的排放，并不全面。以二氧化硫为例，其实，根据我国国内的环境统计资料显示，在很多制造业行业中，硫化物不仅来自于燃料燃烧，生产工艺中也会带来二氧化硫的排放，在有的工业行业中，工艺硫的排放量甚至占到了30%以上。

第六节 文献评述

第一，在环境规制对经济发展的影响方面，对环境库兹涅茨曲线验证的研究一直没有停止，但是也一直没有形成一个统一的范围较窄的拐点的出现区间。此外，环境库兹涅茨曲线拐点的出现是一种自发的情况，还是由于环境规制政策带来的效果，也没有形成一致的结论。国际贸易自由化对环境的影响方面，通过一般均衡理论分析得到的贸易量、技术、结构三个效应已经成为经典框架，之后的研究主要在其基础上进行拓展，而环境规制对于贸易环境效应的影响研究还主要集中在对"波特假说"和"污染天堂"假说的验证上，但是并没有对环境规制产生中介效应最后导致贸易的环境效应改善进行研究，也没有我国环境规制强化对主要贸易国家的贸易情况，对我国宏观经济影响的分析也比较少。

第二，在环境规制强度指标的选择方面，全球的研究者们也一直在寻求一套克服数据可得性、多维性、并发性等障碍的环境规制指标体系,来更加准确地刻画环境规制的强度,但是到目前为止还没有达成广泛的共识。从研究者们不断的探索过程来归纳,笔者认为理想的环境规制强度指标体系,应该符合下列特征:(1)具有可计算性;(2)政府统计体系能够收集到的数据;(3)数据具有持续性,可以形成面板数据;(4)具有基数特征而非序数指标;(5)能够价值量化并在理论上应当与污染处置成本正相关;(6)能避免经济发展程度带来的影响;[①](7)全面覆盖人类活动对环境造成的影响。虽然当前的环境规制测量方法距离这一理想的标杆有差距,但是随着统计体系的完善,国际协调的推进,数理方法研究的深入,研究者们将能够采用更加科学的环境规制测量方法进行贴近现实的分析。

---

① 这里的经济发展程度不局限于工业产业结构的变化,诸如传统工业行业本身的清洁度提高、污染产业向国外的转移、三次产业结构的变动也都应当考虑。

第三章

我国出口贸易的环境效应
——以隐含污染物为测度

本章从我国出口贸易引致的各类污染物的排放量来衡量出口贸易的环境效应。在国际贸易的环境问题研究中，一些研究者会采用直接测算的方式，按照环境统计资料中各类产业的污染物排放量结合外贸出口额占产值比重来得到对外贸易的环境效应。但是，从全产业链角度来考虑，最终产品的生产不仅在最后生产环节造成污染，而是从产业链上游开始，把产品或服务在生产过程中产生的直接和间接排放的污染总量都算在内，这样的污染属于"隐含污染物"，使用隐含污染物测算会更加准确地显示出贸易的环境效应。本章第一部分先考察了按照一般方法测算的出口贸易造成的环境效应。进一步地，在本章的第二部分，基于2002年到2012年编制的5个年份的投入产出表，采用投入产出方法，考察了隐含污染情况，并对两种结果进行了比较。在第三部分，以对外出口引致的隐含污染物排放量的多少作为环境效应的衡量指标。通过分析隐含污染物的排放量得到出口引致污染的主要行业，并且通过双边贸易额的分析梳理出了我国出口引致污染带来的"环境福利"的主要受益国家和地区。

第一节　一般性考察

一　污染物排放直接系数测算

我们首先考察直接污染情况，通过环境统计数据来测算我国工业产业生产过程中的直接污染系数。我们首先从统计资料中得到各个工业行业废水、废气（包括二氧化硫、工业废气、工业烟粉尘）的排放量，根据产业产值得到每单位产值所排放的各类污染物，及各行业的直接污染系数。

首先我们需要将不同统计资料中的部门和行业数据进行对标。根据中国投入产出学会公布的从2002年到2012年的数据，共有五张投入产出表，分别是2002年、2005年、2007年、2010年和2012年。除了2007年，其余四个年份的投入产出表是按照42个部门来设置的。而我国环境统计年鉴中，部分年份不仅有工业的污染物排放情况，还有农林牧渔服务业的污染产生和排放情况，但是有的年份仅有工业的情况，为了可以进行多年的比较，我们只考察工业领域的部分。

在污染物选择上，我们选择各类污染排放的衡量指标时做如下考虑。工业废水不需要细分，对于工业废气，其构成包括工业二氧化硫、工业烟尘、工业粉尘和工业废气。在2011年之后的环境统计制度中，工业烟尘与工业粉尘数据不再分开，并且污染物中增加了工业氮氧化物，我们在分析时也将"工业烟尘"与"工业粉尘"两项合并，这样可以确保研究指标的一致性。工业产值和进出口数据我们采用投入产出表中的数据，同时在中间品部分参考OECD双边贸易数据库以及《中国统计年鉴》及《中国工业经济统计年鉴》。

由于各年的投入产出表在产业部门分类上并不一致，同时投入产出表与《中国环境统计年鉴》中的产业分类也不一致，我们首先要将两个来源的数据进行对标,确保数据的可比性。我们首先将各年份的投入产出表对标,依据变动幅度最小的 2010 年投入产出表确定了煤炭开采和洗选业,石油和天然气开采业,金属矿采选业,非金属矿及其他矿采选业,食品制造及烟草加工业,纺织业,纺织服装鞋帽皮革羽绒及其制品业,木材加工及家具制造业,造纸印刷及文教体育用品制造业,石油加工、炼焦及核燃料加工业,化学工业,非金属矿物制品业,金属冶炼及压延加工业,金属制品业,通用、专用设备制造业,交通运输设备制造业,电气、机械及器材制造业,仪器仪表及文化办公用机械制造业,通信设备、计算机及其他电子设备制造业,工艺品及其他制造业(含废品废料),电力、热力的生产和供应业,燃气生产和供应业,水的生产和供应业共 23 个行业。

其次,我们将环境统计年鉴中的污染物排放也按照这 23 个部门进行归并,并测算出不同年份各类污染物生产和排放的系数。根据测算,我们得到的 2002 年、2005 年、2007 年、2010 年和 2012 年五年的各类污染物直接产生系数如表 3-1 所示。

表 3-1　　　各年份分行业工业废水排放系数　　（单位:吨/万元）

	2002 年	2005 年	2007 年	2010 年	2012 年
煤炭开采和洗选业	13.26	6.40	7.57	5.20	6.32
石油和天然气开采业	3.26	1.97	1.05	0.99	0.76
金属矿采选业	24.71	14.03	9.66	4.75	5.90
非金属矿及其他矿采选业	5.89	5.92	2.60	1.49	1.25
食品制造及烟草加工业	11.42	7.93	6.16	4.09	3.29
纺织业	15.69	10.89	8.94	7.53	6.49
纺织服装鞋帽皮革羽绒及其制品业	2.77	2.25	2.11	1.66	1.47
木材加工及家具制造业	1.83	1.23	0.61	0.48	0.29
造纸印刷及文教体育用品制造业	45.47	34.08	28.63	19.06	11.80
石油加工、炼焦及核燃料加工业	8.84	5.49	3.47	2.32	2.19
化学工业	18.86	10.81	6.88	4.46	3.14

续表

	2002年	2005年	2007年	2010年	2012年
非金属矿物制品业	8.13	3.03	1.77	0.81	0.63
金属冶炼及压延加工业	13.61	6.48	3.09	1.80	1.23
金属制品业	2.65	2.00	1.88	1.23	1.04
通用、专用设备制造业	2.12	1.08	0.55	0.34	0.25
交通运输设备制造业	4.23	1.40	0.67	0.45	0.45
电气、机械及器材制造业	1.44	0.49	0.32	0.25	0.19
通信设备、计算机及其他电子设备制造业	1.02	0.67	0.72	0.64	0.74
仪器仪表及文化办公用机械制造业	5.50	1.92	1.47	0.70	0.45
工艺品及其他制造业（含废品废料）	0.88	0.48	0.45	0.27	1.12
电力、热力的生产和供应业	31.44	12.37	5.55	2.96	1.96
燃气生产和供应业	10.71	5.67	2.56	0.86	0.31
水的生产和供应业	27.86	19.50	13.52	17.91	0.01

资料来源：根据各个年份《中国统计年鉴》和《中国环境统计年鉴》相关数据计算得到。

表3-2　　　各年份分行业工业废气排放系数　　（单位：万立方米/万元）

	2002年	2005年	2007年	2010年	2012年
煤炭开采和洗选业	0.44	0.27	0.24	0.12	0.14
石油和天然气开采业	0.25	0.17	0.10	0.09	0.15
金属矿采选业	0.95	0.48	0.33	0.26	0.33
非金属矿及其他矿采选业	0.25	0.56	0.30	0.17	0.23
食品制造及烟草加工业	0.31	0.17	0.17	0.16	0.11
纺织业	0.27	0.19	0.14	0.10	0.09
纺织服装鞋帽皮革羽绒及其制品业	0.05	0.05	0.02	0.01	0.02
木材加工及家具制造业	0.12	0.20	0.22	0.11	0.16
造纸印刷及文教体育用品制造业	0.51	0.43	0.44	0.38	0.22
石油加工、炼焦及核燃料加工业	0.01	0.74	0.58	0.62	0.51
化学工业	1.12	0.52	0.59	0.34	0.33
非金属矿物制品业	0.03	3.13	2.97	2.18	2.65

续表

	2002年	2005年	2007年	2010年	2012年
金属冶炼及压延加工业	4.30	2.21	1.73	1.79	1.75
金属制品业	1.66	0.08	0.13	0.08	0.16
通用、专用设备制造业	0.07	0.08	0.05	0.07	0.03
交通运输设备制造业	0.05	0.11	0.12	0.07	0.09
电气、机械及器材制造业	0.25	0.04	0.03	0.02	0.04
通信设备、计算机及其他电子设备制造业	0.05	0.05	0.06	0.11	0.09
仪器仪表及文化办公用机械制造业	0.39	0.14	0.15	0.08	0.05
工艺品及其他制造业（含废品废料）	0.25	0.06	0.01	0.02	0.16
电力、热力的生产和供应业	8.60	4.35	3.99	4.17	4.18
燃气生产和供应业	1.46	1.09	0.33	0.37	0.11
水的生产和供应业	0.03	0.06	0.01	0.01	0

资料来源：根据《中国工业经济统计年鉴》和《中国环境统计年鉴》相关数据计算得到。

表3-3　　各年份分行业工业二氧化硫排放系数　　（单位：吨/亿元）

	2002年	2005年	2007年	2010年	2012年
煤炭开采和洗选业	38.71	28.87	18.18	7.95	5.55
石油和天然气开采业	7.21	5.63	3.19	3.05	1.80
金属矿采选业	55.83	34.08	38.41	14.37	3.91
非金属矿及其他矿采选业	31.57	26.07	17.78	7.91	6.62
食品制造及烟草加工业	24.83	14.08	10.16	6.03	5.96
纺织业	27.37	18.72	10.95	7.58	7.38
纺织服装鞋帽皮革羽绒及其制品业	3.52	2.99	1.65	1.04	1.46
木材加工及家具制造业	9.65	8.61	4.17	2.31	2.44
造纸印刷及文教体育用品制造业	52.09	40.22	33.15	24.64	17.16
石油加工、炼焦及核燃料加工业	72.66	57.05	31.05	21.07	20.04
化学工业	50.03	34.81	22.35	13.89	12.88
非金属矿物制品业	267.69	112.07	80.08	42.09	42.87
金属冶炼及压延加工业	92.01	67.75	37.78	31.31	32.24
金属制品业	3.93	2.42	2.93	1.43	2.36

续表

	2002 年	2005 年	2007 年	2010 年	2012 年
通用、专用设备制造业	5.83	3.52	1.65	1.35	0.58
交通运输设备制造业	7.26	2.32	1.24	0.58	0.48
电气、机械及器材制造业	2.54	1.65	0.45	0.29	0.22
通信设备、计算机及其他电子设备制造业	1.39	0.60	0.39	0.12	0.12
仪器仪表及文化办公用机械制造业	5.83	3.46	0.37	0.20	0.18
工艺品及其他制造业（含废品废料）	1.69	1.07	0.47	0.81	8.76
电力、热力的生产和供应业	1089.46	575.03	364.33	205.67	163.68
燃气生产和供应业	78.53	25.99	23.37	8.97	5.30
水的生产和供应业	4.86	5.49	0.25	1.19	0.00

资料来源：根据《中国工业经济统计年鉴》和《中国环境统计年鉴》相关数据计算得到。

表3-4　　　　　各年份分行业工业烟粉尘排放系数　　　（单位：吨/亿元）

	2002 年	2005 年	2007 年	2010 年	2012 年
煤炭开采和洗选业	46.28	48.75	23.96	13.15	14.80
石油和天然气开采业	4.45	2.76	1.39	1.10	0.56
金属矿采选业	51.91	34.45	15.38	8.21	10.00
非金属矿及其他矿采选业	51.08	69.99	30.14	10.48	6.24
食品制造及烟草加工业	26.54	14.54	6.69	3.87	3.56
纺织业	11.43	8.27	5.11	3.71	2.52
纺织服装鞋帽皮革羽绒及其制品业	1.95	2.61	0.90	0.68	0.63
木材加工及家具制造业	16.13	12.64	6.07	4.72	8.49
造纸印刷及文教体育用品制造业	35.75	24.26	16.45	9.82	5.84
石油加工、炼焦及核燃料加工业	75.49	45.92	29.35	14.01	11.04
化学工业	31.02	20.48	11.92	7.27	5.63
非金属矿物制品业	1092.64	439.59	243.08	84.71	54.75
金属冶炼及压延加工业	108.40	74.09	32.06	21.33	19.36
金属制品业	4.25	2.61	2.22	1.07	2.56
通用、专用设备制造业	6.66	3.97	1.66	1.54	0.73

续表

	2002 年	2005 年	2007 年	2010 年	2012 年
交通运输设备制造业	12.58	3.46	2.04	1.01	1.14
电气、机械及器材制造业	1.61	1.09	0.31	0.16	0.13
通信设备、计算机及其他电子设备制造业	0.92	0.40	0.18	0.07	0.20
仪器仪表及文化办公用机械制造业	2.99	1.22	0.16	0.12	0.17
工艺品及其他制造业（含废品废料）	2.66	1.49	1.25	0.50	4.99
电力、热力的生产和供应业	429.59	204.95	94.83	45.62	45.75
燃气生产和供应业	146.89	21.29	16.87	4.87	2.39
水的生产和供应业		1.15	2.28	0.42	0.30	0.00

资料来源：根据《中国工业经济统计年鉴》和《中国环境统计年鉴》相关数据计算得到。

表 3-5　　　　各年份分行业固体废物排放系数　　（单位：吨/万元）

	2002 年	2005 年	2007 年	2010 年	2012 年
煤炭开采和洗选业	3.427	2.504	1.944	1.355	1.712
石油和天然气开采业	0.042	0.026	0.019	0.018	0.010
金属矿采选业	13.381	8.982	6.930	5.373	8.884
非金属矿及其他矿采选业	0.661	0.561	0.444	0.344	0.583
食品制造及烟草加工业	0.149	0.097	0.073	0.056	0.043
纺织业	0.059	0.044	0.026	0.023	0.003
纺织服装鞋帽皮革羽绒及其制品业	0.012	0.009	0.006	0.005	0.024
木材加工及家具制造业	0.037	0.033	0.017	0.015	0.016
造纸印刷及文教体育用品制造业	0.149	0.116	0.121	0.112	0.075
石油加工、炼焦及核燃料加工业	0.250	0.148	0.114	0.117	0.000
化学工业	0.376	0.247	0.204	0.166	0.258
非金属矿物制品业	0.423	0.203	0.183	0.129	0.145
金属冶炼及压延加工业	1.220	0.900	0.591	0.570	0.472
金属制品业	0.015	0.011	0.023	0.015	0.016
通用、专用设备制造业	0.033	0.026	0.009	0.012	0.005
交通运输设备制造业	0.039	0.019	0.012	0.010	0.008

续表

	2002 年	2005 年	2007 年	2010 年	2012 年
电气、机械及器材制造业	0.009	0.003	0.002	0.002	0.001
通信设备、计算机及其他电子设备制造业	0.005	0.003	0.003	0.003	0.005
仪器仪表及文化办公用机械制造业	0.036	0.015	0.007	0.004	0.001
工艺品及其他制造业（含废品废料）	0.007	0.004	0.003	0.007	0.034
电力、热力的生产和供应业	2.405	1.263	1.194	1.230	1.262
燃气生产和供应业	0.363	0.165	0.120	0.033	0.019
水的生产和供应业	0.009	0.023	0.007	0.013	0.000

资料来源：根据《中国工业经济统计年鉴》和《中国环境统计年鉴》相关数据计算得到。

从废水排放情况来看，从 2002 年到 2012 年十年间，所有 23 个行业的废水排放系数除了工艺品及其他制造业之外，都是下降的。而工艺品及其他制造业是由于在 2012 年纳入了废品处理等行业领域才出现反弹，属于例外情况。从下降幅度来看，下降最小的是通信设备、计算机及其他电子设备制造业，2012 年废水排放系数是 2002 年的 73%。非金属矿物制品业，金属冶炼及压延加工业，仪器仪表及文化办公用机械制造业，电力、热力的生产和供应业，燃气生产和供应业，水的生产和供应业 6 个行业的下降幅度接近 90%。从 2010 年到 2012 年，仅有煤炭开采和洗选业，金属矿采选业，通信设备、计算机及其他电子设备制造业 3 个行业排放系数有所反弹。

在工业气体污染物方面，从工业二氧化硫和工业烟尘粉尘排放系数变化来看，从 2002 年到 2012 年，除了工艺品及其他制造业由于上述原因有所上升之外，其他所有工业行业排放系数都是下降的，即便是下降最少的金属制品行业，也比原来减少了 40%。金属矿采选业、交通运输设备制造业、仪器仪表及文化办公用机械制造业、金属矿采选业等 8 个行业，下降幅度都在 90% 以上。

工业废气的排放率下降幅度稍弱，从 2002 年到 2012 年，多个行业工业废气排放比率存在波动变化，到 2012 年，还有木材加工及家具制造业，石油加工、炼焦及核燃料加工业，非金属矿物制品业，交通运输设备制造业，通信设备、计算机及其他电子设备制造业 5 个行业的万元工业废气排放量比 2002 年要高。

从工业固体废物产生率来看，从 2002 年到 2012 年，除通信设备、计算机及其他电子设备制造业，金属制品业，纺织服装鞋帽皮革羽绒及其制品业 3 个行业有所上升之外，其他 20 个行业都明显下降，非金属矿及其他矿采选业下降幅度最少，仅减少了 12%，仪器仪表及文化办公用机械制造业、燃气生产和供应业下降幅度都超过 90%。

从上述分析来看，绝大多数行业的各类污染物排放率从 2002 年到 2012 年存在明显下降趋势，这从一个侧面体现出我国生产技术在环保上产生了进步，也体现出环境规制政策起到了一定的效果。

二 直接测算出口导致污染排放的量

同样根据各年份的投入产出表，我们能够得到各个年份各个行业的出口情况。如表 3-6 和图 3-1 所示，从 2002 年到 2012 年，我国工业行业的出口额从 23798 亿元增长到 110583 亿元，增长了 4.65 倍，年均增速超过 16%。

那么，出口导致的我国的污染物排放有多少？我们首先通过排放直接系数进行测算，将各行业排放直接系数与各个行业出口金额相乘就可以得到出口带来的污染排放量。值得一提的是，国内一些学者也对我国对外贸易污染物进行测算的过程中使用的不是产值而是增加值，但是我们认为由于我们在后期测算隐含污染物的过程中扣除了进口中间产品的比例，因此，可以使用产品产值进行测算。

表 3-6　　　　　　　　各年份分行业出口情况　　　　　　（单位：万元）

	2002 年	2005 年	2007 年	2010 年	2012 年
煤炭开采和洗选业	1576011	2594379	2337578	1411592	912685
石油和天然气开采业	1209884	1002566	1735648	1585813	1873689
金属矿采选业	186781	972334	822875	763461	592933
非金属矿及其他矿采选业	1511538	2622167	1504403	1582480	1282682
食品制造及烟草加工业	8934890	15681841	19121135	22082508	28019945
纺织业	27199313	53137555	82158911	89896923	51756009
纺织服装鞋帽皮革羽绒及其制品业	27751757	45821815	56726409	57965328	107608377
木材加工及家具制造业	6663697	15879525	24244658	26985579	36167611
造纸印刷及文教体育用品制造业	9870853	19475621	22644209	22693155	55912141
石油加工、炼焦及核燃料加工业	2630030	8089928	7678378	8174685	11744438
化学工业	21763899	49790288	72379174	94420280	98856503
非金属矿物制品业	4177256	9031299	14836921	19022112	26733885
金属冶炼及压延加工业	4612076	18706027	51554905	36567430	44572692
金属制品业	10657972	29237594	35585167	34534763	42881563
通用、专用设备制造业	13072703	33958960	57368521	71615489	106475807
交通运输设备制造业	6534587	17291039	32821566	50978683	58430796
电气、机械及器材制造业	20328524	42244638	68256592	92912596	107262425
通信设备、计算机及其他电子设备制造业	49677081	152670383	213775082	241257788	300892430
仪器仪表及文化办公用机械制造业	14835377	40573027	32373998	36154105	17664776
工艺品及其他制造业（含废品废料）	4268048	7225238	13414467	17192942	5411888
电力、热力的生产和供应业	512777	552520	651130	791958	778107
燃气生产和供应业	0	0	0	0	0
水的生产和供应业	0	0	0	0	0
合计（亿元）	23798	56656	81199	92859	110583

资料来源：各个年份投入产出表。

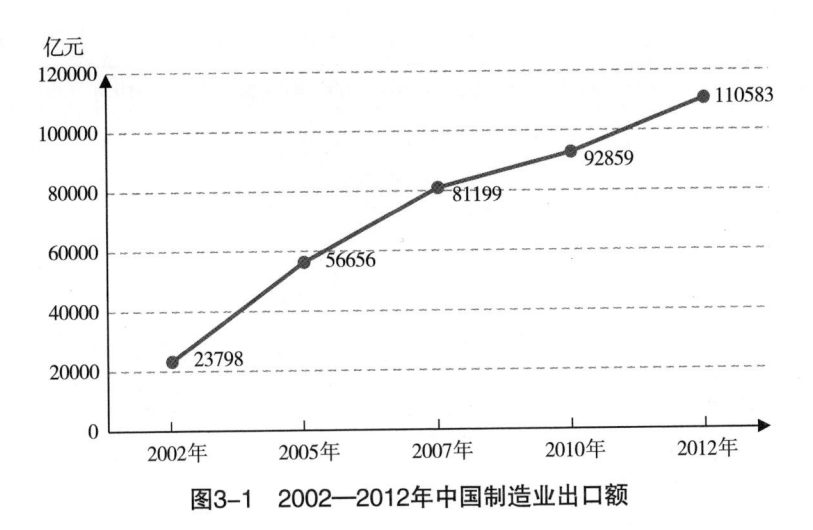

图3-1 2002—2012年中国制造业出口额

我们得到使用普通方法测算的我国工业品出口引致的各类污染物的量。如表3-7到表3-10所示：

表3-7　普通方法测算的我国工业出口带来的工业废气排放量（单位：亿立方米）

	2002年	2005年	2007年	2010年	2012年
煤炭开采和洗选业	70.02	68.89	57.23	16.27	13.17
石油和天然气开采业	30.70	16.88	17.86	13.94	28.97
金属矿采选业	17.66	46.37	27.38	19.68	19.32
非金属矿及其他矿采选业	37.25	148.14	45.37	26.16	29.92
食品制造及烟草加工业	272.72	267.34	326.59	361.08	294.28
纺织业	733.32	1014.32	1166.00	898.02	447.66
纺织服装鞋帽皮革羽绒及其制品业	126.83	240.33	133.15	84.46	193.10
木材加工及家具制造业	83.02	322.49	530.83	305.08	578.14
造纸印刷及文教体育用品制造业	504.03	830.32	987.38	857.80	1253.94
石油加工、炼焦及核燃料加工业	2.33	594.73	444.06	507.37	598.06
化学工业	2440.25	2597.55	4273.93	3229.90	3245.35
非金属矿物制品业	13.53	2829.51	4410.13	4143.18	7072.02
金属冶炼及压延加工业	1985.05	4128.56	8906.44	6558.96	7799.24

续表

	2002年	2005年	2007年	2010年	2012年
金属制品业	1766.19	234.65	460.07	292.81	675.83
通用、专用设备制造业	97.26	267.74	270.14	472.14	345.06
交通运输设备制造业	34.28	190.60	397.10	363.34	511.95
电气、机械及器材制造业	498.39	159.27	194.38	215.20	430.73
通信设备、计算机及其他电子设备制造业	226.23	835.85	1219.48	2716.34	2667.59
仪器仪表及文化办公用机械制造业	583.13	566.27	495.66	281.13	95.55
工艺品及其他制造业（含废品废料）	108.16	43.10	16.98	30.09	88.03
电力、热力的生产和供应业	440.78	240.49	259.49	330.46	325.09
燃气生产和供应业	0.00	0.00	0.00	0.00	0.00
水的生产和供应业	0.00	0.00	0.00	0.00	0.00
合计	10071.13	15643.41	24639.65	21723.40	26712.99

表3-8　普通方法测算的我国工业出口带来的工业二氧化硫排放量（单位：吨）

	2002年	2005年	2007年	2010年	2012年
煤炭开采和洗选业	6100	7491	4249	1122	506
石油和天然气开采业	873	564	553	483	338
金属矿采选业	1043	3314	3161	1097	232
非金属矿及其他矿采选业	4772	6836	2676	1252	850
食品制造及烟草加工业	22186	22080	19432	13321	16707
纺织业	74440	99484	89960	68142	38174
纺织服装鞋帽皮革羽绒及其制品业	9765	13685	9385	6049	15711
木材加工及家具制造业	6433	13670	10100	6238	8829
造纸印刷及文教体育用品制造业	51420	78331	75061	55909	95951
石油加工、炼焦及核燃料加工业	19109	46157	23843	17227	23541
化学工业	108881	173330	161796	131149	127323
非金属矿物制品业	111819	101218	118816	80059	114604

续表

	2002 年	2005 年	2007 年	2010 年	2012 年
金属冶炼及压延加工业	42437	126726	194782	114486	143720
金属制品业	4185	7073	10431	4939	10117
通用、专用设备制造业	7623	11963	9473	9681	6132
交通运输设备制造业	4745	4014	4080	2942	2807
电气、机械及器材制造业	5163	6976	3092	2731	2309
通信设备、计算机及其他电子设备制造业	6911	9209	8356	2782	3487
仪器仪表及文化办公用机械制造业	8642	14022	1194	710	316
工艺品及其他制造业（含废品废料）	720	772	636	1391	4741
电力、热力的生产和供应业	55865	31771	23722	16288	12736
燃气生产和供应业	0	0	0	0	0
水的生产和供应业	0	0	0	0	0
合计	553128	778685	774798	537997	629129

表 3-9　普通方法测算的我国工业出口带来的工业烟粉尘排放量（单位：吨）

	2002 年	2005 年	2007 年	2010 年	2012 年
煤炭开采和洗选业	7293	12646	5601	1857	1350
石油和天然气开采业	539	277	242	175	106
金属矿采选业	970	3350	1266	626	593
非金属矿及其他矿采选业	7721	18353	4535	1659	800
食品制造及烟草加工业	23712	22804	12793	8546	9969
纺织业	31094	43932	41997	33363	13030
纺织服装鞋帽皮革羽绒及其制品业	5407	11960	5085	3963	6732
木材加工及家具制造业	10748	20066	14709	12731	30708
造纸印刷及文教体育用品制造业	35288	47250	37258	22277	32653
石油加工、炼焦及核燃料加工业	19853	37147	22535	11453	12966
化学工业	67504	101976	86251	68661	55686
非金属矿物制品业	456425	397011	360657	161144	146364
金属冶炼及压延加工业	49994	138593	165307	78009	86309

续表

	2002年	2005年	2007年	2010年	2012年
金属制品业	4532	7628	7899	3699	10964
通用、专用设备制造业	8705	13482	9531	11006	7767
交通运输设备制造业	8220	5991	6708	5129	6640
电气、机械及器材制造业	3272	4617	2111	1483	1442
通信设备、计算机及其他电子设备制造业	4557	6175	3789	1722	5956
仪器仪表及文化办公用机械制造业	4437	4962	531	432	306
工艺品及其他制造业（含废品废料）	1137	1077	1678	866	2701
电力、热力的生产和供应业	22029	11324	6175	3613	3560
燃气生产和供应业	0	0	0	0	0
水的生产和供应业	0	0	0	0	0
合计	773438	910621	796656	432411	436600

表3-10　普通方法测算的我国工业出口带来的工业废水排放量（单位：万吨）

	2002年	2005年	2007年	2010年	2012年
煤炭开采和洗选业	2089.14	1660.90	1770.20	733.34	576.69
石油和天然气开采业	394.63	197.20	181.81	156.97	143.11
金属矿采选业	461.47	1364.55	794.94	362.70	349.73
非金属矿及其他矿采选业	890.01	1552.17	390.67	236.58	160.47
食品制造及烟草加工业	10206.51	12443.29	11779.22	9033.15	9231.84
纺织业	42665.72	57847.36	73418.99	67660.07	33567.67
纺织服装鞋帽皮革羽绒及其制品业	7690.26	10318.99	11948.83	9648.85	15790.41
木材加工及家具制造业	1221.22	1955.14	1471.58	1288.11	1045.74
造纸印刷及文教体育用品制造业	44886.59	66379.61	64824.00	43255.48	65972.01
石油加工、炼焦及核燃料加工业	2323.82	4437.98	2664.30	1898.68	2567.49
化学工业	41036.17	53817.66	49786.61	42120.28	31012.34
非金属矿物制品业	3395.40	2738.03	2619.71	1534.20	1688.77

续表

	2002 年	2005 年	2007 年	2010 年	2012 年
金属冶炼及压延加工业	6278.92	12120.79	15920.55	6596.34	5463.97
金属制品业	2827.25	5840.54	6699.80	4250.73	4469.46
通用、专用设备制造业	2766.45	3658.85	3141.23	2460.55	2622.41
交通运输设备制造业	2764.09	2413.35	2194.31	2276.89	2603.05
电气、机械及器材制造业	2926.69	2079.54	2176.77	2358.90	2009.27
通信设备、计算机及其他电子设备制造业	5058.29	10154.27	15373.13	15338.88	22368.25
仪器仪表及文化办公用机械制造业	8159.43	7810.18	4773.50	2514.97	791.18
工艺品及其他制造业（含废品废料）	374.35	348.73	601.21	466.60	606.27
电力、热力的生产和供应业	1612.36	683.64	361.48	234.65	152.73
燃气生产和供应业	0.00	0.00	0.00	0.00	0.00
水的生产和供应业	0.00	0.00	0.00	0.00	0.00
合计	190028.78	259822.76	272892.84	214426.91	203192.85

我们以 2002 年各类污染物排放量为基准单位，可以得到各年份各类污染物排放量的变化情况，如图 3-2 所示。可以看出，从 2007 年到 2010 年，各类污染物排放均出现下滑，工业烟粉尘排放量甚至低于 2002 年的基准值，而工业废气排放量则一直增长。从图 3-2 显示出，从 2002 年到 2010 年，存在一个类似倒 U 形的曲线，而从增长转为减少发生在 2007 年到 2010 年之间，查找国家统计局公布的当年国内人均 GDP，并根据美国经济研究局（BEA）公布的美元平减指数换算成 1985 年美元，2007 年我国人均 GDP 约为 1800 美元，2010 年的人均 GDP 约为 2600 美元，远低于 Grossman 和 Krugeman 在 1991 年测算的墨西哥 4000 美元的拐点值。在后面章节的分析中，我们会看到，不论是工业总体污染排放量还是出口贸易引致的隐含污染物排放量变化都呈现出类似的倒 U 形。

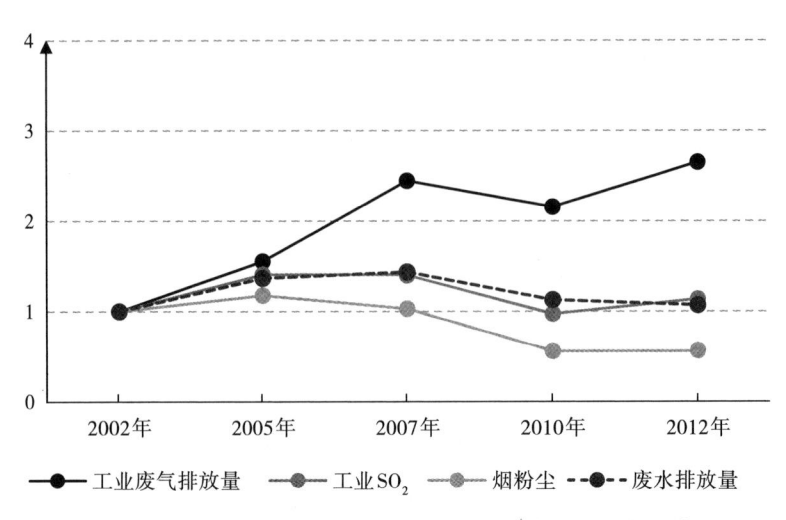

图3-2 普通方法测算的出口导致的各类污染物增速变化情况

从表 3-11 我们可以看出，普通方法测算的各年出口引致的直接污染物排放占总排放比例并不算高，而且从 2002 年到 2012 年，虽然出口体量快速攀升，但是污染排放占比并没有显著增加，甚至从 2007 年之后还有减少的态势。

表3-11　普通方法测算的各年出口引致的污染物排放占总排放比例（单位：%）

	2002 年	2005 年	2007 年	2010 年	2012 年
工业废气排放量	5.25	5.84	6.35	4.18	4.20
工业 SO_2	3.72	3.93	3.93	3.15	3.54
烟粉尘	5.47	5.41	5.98	4.51	4.56
废水排放量	10.01	12.03	12.36	10.12	9.99

第二节 贸易出口引致隐含污染物的测算

一 基于竞争性投入产出表的核算方法

"隐含污染"在实际研究中体现的是一个全部污染的概念。不仅包含了产品在生产或者提供过程中直接产生的污染排放量,并且包含了产品供应链从上游到下游生产过程乃至到消费者手中各个环节所产生的直接和间接污染总和,特别是在产业细分加入废品处理行业之后,这一测度方法体现了全生命周期环保的理念。可以说用隐含污染概念的引入环境效应的测度能够更加准确地反映生产和贸易对一国环境的影响。

表 3-12　　　　　　　竞争性投入产出简表

		中间消耗				最终使用			进口	总产出
		产业1	产业2	…j…	产业n	最终消费	资本形成	出口		
中间投入	产业1	X11	X12	…	X1n	Y1c	Y1k	EX1	IM1	X1
	产业2	X21	X22	…	X2n	Y2c	Y2k	EX2	IM2	X2
	产业3	X31	X32	…	X3n	Y3c	Y3k	EX3	IM3	X3
	..i..	…	…	Xij	…	…	…	…	…	…
	产业n	Xn1	Xn2	…	Xnn	Ync	Ynk	Exn	Imn	Xn
增加值		Ad1	Ad2	…	And					
总投入		X1	X2	…	Xn					

表 3-12 显示的是竞争性投入产出表的示意版本,利用投入产出方法分析,可以系统地分析出单位产品的生产对其他各个行业的资源消耗情况。当我们把这一分析思路拓展到环境领域,就可以采用投入产出方法来测算我国对外贸易的隐含污染物的量。首先我们有投入产

出基本模型：

$$X = AX + Y$$

根据上面显示的根据投入产出表，如果一个国家经济部门中有 n 个产业，令 X_i 为产业 i 的总产出（$i=1, \cdots, n$），A 代表产业的直接消耗系数矩阵，元素 a_{ij} 代表对应产业每生产一单位最终产品所消耗 i 部门产品作为要素的投入量，反映了经济体各产业间由中间投入产生的相互联系。AX 是每个产业对其他部门的中间投入，Y 是最终使用列向量，最终使用包括最终消费、资本形成总额和出口三部分。通过矩阵运算将 X 和 Y 分置于等式两侧，我们得到新的等式：

$$X = (I-A)^{-1}Y$$

其中 I 是单位矩阵，$(I-A)^{-1}$ 是里昂惕夫逆矩阵，其元素称为里昂惕夫逆系数，例如其中的元素 b_{ij} 则表明第 j 部门增加一个单位最终使用时，对第 i 产品部门的完全需要量。因此，该式也表示为实现数量为 Y 的最终需求，所需整个国民经济各部门的总产出量。

接下来，我们将产业的环境污染直接系数引入，形成行向量 f，其元素 f_i 表示 i 产业每单位产出所带来的直接污染排放量。根据上述分析，为满足最终使用 Y 而产生的污染排放量可以表示为：

$$F = f(I-A)^{-1}Y$$

其中 $f(I-A)^{-1}$ 是一个 n 行 1 列的向量，元素为完全污染排放系数，表示 i 行业每生产一个单位的产品直接和间接产生的污染排放总量。那么我们考虑对外贸易方面时候，假设出口量为 ex，则由国内出口到国外产品带来的污染物的量（E_{ex}）就是：

$$E_{ex} = f(I-A)^{-1}ex$$

二　对于进口中间品的剔除

从贸易模式来看，虽然我国工业企业基本在国内生产，出口的产品主要是本国生产的产品,但是加工贸易比重一直比较高,在生产过程中大量使用了进口中间品,这些中间品生产过程产生的污染并不在国内而是在原生产国。因此应当把这些进口中间品的数量剔除掉,避免隐含污染物的虚高。

投入产出表可以分为竞争性投入产出表和非竞争性投入产出表两种,两种投入产出表的区别在于,非竞争性投入产出表把中间产品分开成为进口中间投入和国内中间投入。

表 3-13 非竞争性投入产出表简表

		中间消耗				最终使用			总产出
		产业1	产业2	…j…	产业n	最终消费	资本形成	出口	
国内中间投入	产业1	X11D	X12D	…	X1nD	Y1cD	Y1kD	EX1D	X1
	产业2	X21D	X22D	…	X2nD	Y2cD	Y2kD	EX2D	X2
	产业3	X31D	X32D	…	X3nD	Y3cD	Y3kD	EX3D	X3
	..i..	…	…	X_{ij}	…	…	…	…	…
	产业n	Xn1D	Xn2D	…	XnnD	YncD	YnkD	Exn	Xn
进口中间投入	产业1	X11M	X12M	…	X1nM	Y1cM	Y1k		X1M
	产业2	X21M	X22M	…	X2nM	Y2cM	Y2k		X2M
	产业3	X31M	X32M	…	X3nM	Y3cM	Y3k		X3M
	..i..	…	…	X_{ij}	…	…	…		…
	产业n	Xn1M	Xn2M	…	XnnM	YncM	YnkM		XnM
增加值		Ad1	Ad2	…	And				
总投入		X1	X2	…	Xn				

但是,我国到目前为止,公布的都是竞争性投入产出表,并没有区分进口中间品的比重。因此我们必须从其他的数据渠道获得进口中间品的相关数量情况并进行适当的扣除。

我们借鉴非竞争投入产出分析方法,也将中间投入划分为国内和进口两个部分,于是有 $A = A^d + A^m$,其中 A^d 和 A^m 分别代表国内和进口中间投入的直接消耗系数。如果我们有 $A^d = (I-M)A$,其中 M 为进口系数的对角矩阵，元素记为 mii，每个元素的数值表示某行业进口中间品与该行业中间品总投入之比。于是，用 Y^{ex} 表示各部门产品的出口向量，我们能够得到出口隐含污染物排放量 F^e 的计算公式为：

$$F^e = f(I - A^d)^{-1} Y^{ex}$$

数据方面，OECD 双边贸易数据库不仅为我们提供了国家之间进出口金额，而且区分出了各个行业进出口中的最终产品和中间品。因而我们可以得到各个行业投入的进口的中间品数据。但是各个行业的出口数据我们还是选用各年投入产出表中提供的数值。具体情况如表3-14 所示。其中，水的生产和供应业、燃气的生产和供应业进口量为 0，在 ISIC 分类中，仪器仪表及文化办公用机械制造业包含在机械设备产业里，我们通过测算我国仪器仪表及文化办公用机械制造业占通用和专用设备的比重，分离出该行业单独的中间品进口比重。

表3-14　　　　各年份进口中间品占中间总投入比重　　　（单位：%）

	2002 年	2005 年	2007 年	2010 年	2012 年
煤炭开采和洗选业	0.86	1.35	1.94	5.63	7.56
石油和天然气开采业	26.03	56.70%	40.37	46.02	57.61
金属矿采选业	19.72	50.13	41.05	40.31	40.48
非金属矿及其他矿采选业	4.55	7.24	5.83	5.26	5.98
食品制造及烟草加工业	5.34	5.12	4.25	3.36	3.32
纺织业	15.74	10.41	6.56	4.55	3.77
纺织服装鞋帽皮革羽绒及其制品业	13.01	9.17	5.29	2.98	2.95
木材加工及家具制造业	5.43	4.75	2.71	3.25	3.78
造纸印刷及文教体育用品制造业	9.34	7.20	5.70	4.87	4.51
石油加工、炼焦及核燃料加工业	2.81	2.13	1.33	1.12	1.01
化学工业	16.96	16.71	14.25	11.63	10.10
非金属矿物制品业	3.32	1.93	1.56	1.25	1.53
金属冶炼及压延加工业	10.84	11.12	7.40	6.18	4.43
金属制品业	5.37	5.84	4.96	3.89	3.43

续表

	2002 年	2005 年	2007 年	2010 年	2012 年
通用、专用设备制造业	4.72	5.37	4.38	3.77	4.50
交通运输设备制造业	8.94	9.66	7.65	6.79	7.42
电气、机械及器材制造业	16.53	17.83	16.44	12.45	10.30
通信设备、计算机及其它电子设备制造业	52.07	60.01	54.92	45.28	40.38
仪器仪表及文化办公用机械制造业	14.11	21.63	14.27	11.99	10.46
工艺品及其他制造业	3.67	3.19	1.84	1.79	2.68
电力、热力的生产和供应业	0.15	0.11	0.06	0.04	0.05
水的生产和供应业	0	0	0	0	0
燃气的生产和供应业	0	0	0	0	0

资料来源：OECD双边贸易数据库。

三 出口引致的隐含污染物排放量

通过上述计算方法，我们同样选择工业废气、工业二氧化硫、工业烟粉尘和工业废水四类污染物，并测算得到各个行业出口引致的隐含污染物的排放量，如表 3-15 至表 3-18 所示。

表3-15　　　　出口导致的隐含工业废气排放量　　（单位：万立方米）

	2002 年	2005 年	2007 年	2010 年	2012 年
煤炭开采和洗选业	2789328	3828155	2963217	1215267	757488
石油和天然气开采业	1060869	785152	1194526	953105	868323
金属矿采选业	450939	1812531	1023402	891819	600911
非金属矿及其他矿采选业	1958608	4292443	2126425	2248155	1518144
食品制造及烟草加工业	6067289	7208622	9068793	9738019	8348571
纺织业	28753749	46325520	72396217	61433585	30616911
纺织服装鞋帽皮革羽绒及其制品业	18938680	26362479	34917796	31053897	48967198
木材加工及家具制造业	7498892	16122569	26954965	26730469	31256796
造纸印刷及文教体育用品制造业	15034104	26376436	32413687	29662771	62521026

续表

	2002 年	2005 年	2007 年	2010 年	2012 年
石油加工、炼焦及核燃料加工业	2501975	11346789	10473224	10407710	12690966
化学工业	54607049	89687820	127660486	128444574	124202010
非金属矿物制品业	6351268	43826040	70919037	74061412	116656094
金属冶炼及压延加工业	33145156	80157931	185460725	130648591	162354714
金属制品业	54496957	64173869	77861059	75417481	92699369
通用、专用设备制造业	31064982	58263991	90738505	113881797	144970136
交通运输设备制造业	11943484	25850714	44990149	62974822	69635723
电气、机械及器材制造业	47835213	68718263	103070924	139232253	168955946
通信设备、计算机及其他电子设备制造业	24718843	130914198	80581360	129754292	147891129
仪器仪表及文化办公用机械制造业	25215191	49473586	32097321	33376471	16080695
工艺品及其他制造业	5150575	5500801	10104631	12180216	4434988
电力、热力的生产和供应业	4881904	2999006	4415026	5434457	5185897
燃气生产和供应业	0	0	0	0	0
水的生产和供应业	0	0	0	0	0

表 3-16　　出口导致的隐含工业 SO_2 排放量　　（单位：吨）

	2002 年	2005 年	2007 年	2010 年	2012 年
煤炭开采和洗选业	24031	37746	19642	5003	2456
石油和天然气开采业	7790	6625	7251	3663	2201
金属矿采选业	3743	17183	8810	4096	1617
非金属矿及其他矿采选业	19553	33551	13380	9212	4780
食品制造及烟草加工业	51333	62883	56159	38127	37252
纺织业	264651	460771	495017	308187	148764
纺织服装鞋帽皮革羽绒及其制品业	159464	239932	226836	144197	219207
木材加工及家具制造业	57436	123016	129559	96185	87199
造纸印刷及文教体育用品制造业	131366	245276	215893	147753	269300
石油加工、炼焦及核燃料加工业	40206	97091	62921	38302	43697

续表

	2002年	2005年	2007年	2010年	2012年
化学工业	358634	803118	688905	528551	457066
非金属矿物制品业	174818	229371	265895	193035	239876
金属冶炼及压延加工业	119283	397192	693507	328828	361126
金属制品业	179972	398098	359504	231318	231755
通用、专用设备制造业	159631	370163	417763	334859	362917
交通运输设备制造业	65638	157154	188022	180286	162325
电气、机械及器材制造业	214516	429530	437510	395025	407567
通信设备、计算机及其他电子设备制造业	159627	849368	338938	314454	311330
仪器仪表及文化办公用机械制造业	120224	308849	128003	95163	38131
工艺品及其他制造业	26745	39820	51824	41494	15174
电力、热力的生产和供应业	60220	37600	39018	26216	19983
燃气生产和供应业	0	0	0	0	0
水的生产和供应业	0	0	0	0	0

表3-17　　　　出口导致的隐含工业烟粉尘排放量　　　　（单位：吨）

	2002年	2005年	2007年	2010年	2012年
煤炭开采和洗选业	18176	28767	12527	3731	2371
石油和天然气开采业	4517	3401	2995	1332	881
金属矿采选业	2472	10296	3317	1601	1150
非金属矿及其他矿采选业	17417	34031	10268	4935	2497
食品制造及烟草加工业	47129	50913	32132	19842	19515
纺织业	133795	223259	210601	127396	54000
纺织服装鞋帽皮革羽绒及其制品业	94987	134649	101868	61585	84663
木材加工及家具制造业	46537	87748	76257	53540	77596
造纸印刷及文教体育用品制造业	85820	139682	101322	58873	108162
石油加工、炼焦及核燃料加工业	32615	65006	39956	20061	22453
化学工业	216609	427171	321154	228900	192159
非金属矿物制品业	525391	512767	483418	234812	223187

续表

	2002 年	2005 年	2007 年	2010 年	2012 年
金属冶炼及压延加工业	111808	326573	419134	176722	200928
金属制品业	147134	284651	189148	105331	121219
通用、专用设备制造业	129836	263796	228179	167861	191314
交通运输设备制造业	59848	115755	110580	93697	92319
电气、机械及器材制造业	188328	322414	262088	207353	219453
通信设备、计算机及其他电子设备制造业	182785	845332	206960	161526	161683
仪器仪表及文化办公用机械制造业	118418	248269	88087	52745	20972
工艺品及其他制造业	22967	28306	30436	20789	7760
电力、热力的生产和供应业	24800	14745	10911	6418	6100
燃气生产和供应业	0	0	0	0	0
水的生产和供应业	0	0	0	0	0

表 3-18   出口导致的隐含工业废水排放量   （单位：吨）

	2002 年	2005 年	2007 年	2010 年	2012 年
煤炭开采和洗选业	32100364	30316427	26426000	10994621	7772053
石油和天然气开采业	8277342	4841557	4913513	3286925	2522516
金属矿采选业	6426219	20487935	10593616	5207027	4494402
非金属矿及其他矿采选业	21236699	32587703	10151235	7164543	4030999
食品制造及烟草加工业	151269358	185292489	182951063	141442106	135959679
纺织业	773649234	1084792705	1495020902	1293382385	635161724
纺织服装鞋帽皮革羽绒及其制品业	427155725	527348584	656038342	540144917	811262912
木材加工及家具制造业	72103109	117197481	134762496	111803744	92553416
造纸印刷及文教体育用品制造业	646766072	994276898	996499873	673597508	1032839692
石油加工、炼焦及核燃料加工业	42288693	75876307	52969034	38406062	47982394
化学工业	730478977	1070456900	1036373168	899586815	690916035
非金属矿物制品业	85154654	104733510	120866586	100865188	103107363

续表

	2002 年	2005 年	2007 年	2010 年	2012 年
金属冶炼及压延加工业	133810959	288528633	506800849	224957918	233325294
金属制品业	198966000	319778949	305931183	195838609	193100057
通用、专用设备制造业	191307681	299192254	334468157	275169412	304145079
交通运输设备制造业	103942474	150163067	184558927	188816163	166108132
电气、机械及器材制造业	298413977	396744214	399172274	372229902	349219679
通信设备、计算机及其他电子设备制造业	235657987	782379831	506633490	518163879	597801020
仪器仪表及文化办公用机械制造业	228558289	348279243	184447090	130253198	43623367
工艺品及其他制造业	43361424	46868553	64787936	58950829	17583823
电力、热力的生产和供应业	19931740	10264434	8006602	5980969	4597441
燃气的生产和供应业	0	0	0	0	0
水的生产和供应业	0	0	0	0	0

表 3-19 和表 3-20 显示了我国从 2002 年到 2012 年出口引致的污染物排放量的数值，以及普通方法计算的出口引致的污染排放量占隐含污染物比例。我们以各类污染物在 2002 年的排放量为基数，绘制了各类污染物排放量的增速。与上一小节描绘的普通测算方法下得到的出口引致的污染物的排放量和增长情况相比，可以有如下发现。

第一，从总量上看，囊括了产业上下游污染排放情况的出口引致的隐含污染物比普通方法下出口引致的污染排放量多出数倍。普通方法测算的工业废气仅仅是隐含污染物的 1/5 到 1/4，工业二氧化硫在 2005 年仅是隐含污染的 14.57%。在差距最小的工业废水方面，普通测算的排放量也只是隐含污染的 40% 左右。还需要说明的一点是，国内也有一些研究者测算了我国对外贸易隐含污染物的数值，他们不仅测算了出口造成的污染，还计算了进口避免的污染，通过环境顺差或者逆差衡量环境福利的国际分配。在他们的意识中，还存在比较利益的概念，认为不管在总量上如何，如果能够有环境顺差，也是可以接受的。但本书认为，当前中国的环境污染在很多地方已经到了超越环境容量，危及人类生存空间的地步，从我国环境保护的走向来看，已经从标准控制转为总量控制。因此，在外贸引致的污染物方面，中国应当缩减因为国际消费者带来的污染，这应当从绝对利益角度去考虑，而不能再考虑比较利益。

表3-19　　　　　　　我国出口引致的各类隐含污染物排放总量

	2002年	2005年	2007年	2010年	2012年
工业废气排放量（亿立方米）	38447	76403	102143	107974	125121
工业SO_2（吨）	2398882	5344337	4844358	3463952	3423723
烟粉尘（吨）	2211386	4167532	2941340	1809049	1810381
废水排放量（万吨）	445086	689041	722237	579624	547811

资料来源：笔者计算。

表3-20　普通方法测算的出口引致的直接污染排放量占隐含污染物排放量的比例（%）

	2002年	2005年	2007年	2010年	2012年
工业废气排放量	26.20	20.47	24.12	20.12	21.35
工业SO_2	23.06	14.57	15.99	15.53	18.38
烟粉尘	34.98	21.85	27.08	23.90	24.12
废水排放量	42.69	37.71	37.78	36.99	37.09

资料来源：笔者计算。

第二，我国出口引致的污染物排放增速变化趋势与普通方法测算的出口污染排放物增速变化趋势接近，但是从总体污染物排放增速变化来看，除了工业废气增速较低之外，其他污染物排放的增加速度偏高，在污染物下降阶段，减排率降幅偏低。这说明我国出口引致的污染物排放率是高于工业总体排放率的，这也表明出口导致的污染排放对我国环境污染总量的贡献率较高。因此，在改善环境绩效方面，通过控制出口造成的污染会有比较高的效率。

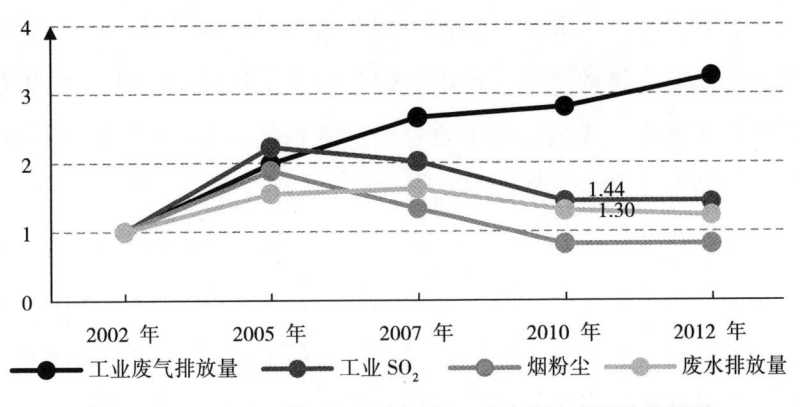

图3-3 从2002年到2012年我国出口引致的隐含污染物增速

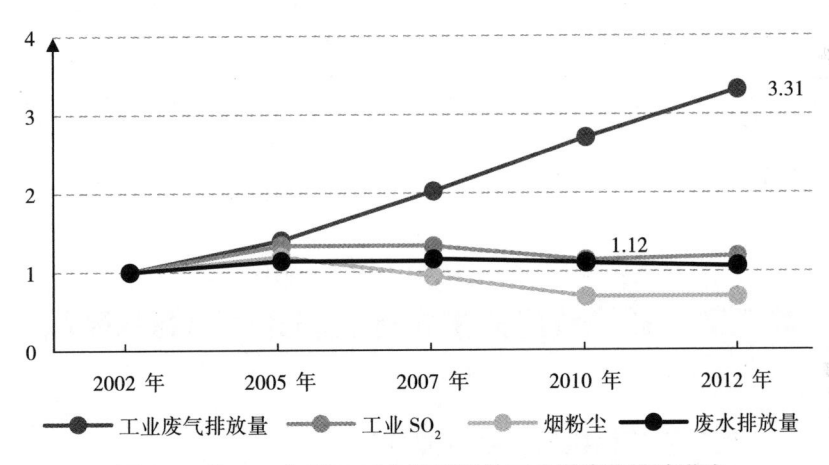

图3-4 从2002年到2012年我国总体工业污染物排放增速

第三，分别从各类污染物的增长情况来看，出口引致的各类隐含污染物中，工业废气一直在上升，而且增速最快，2012年的排放量已经达到2002年的3.25倍。工业烟粉尘减排成效最大，自2005年到达最大值后就开始绝对减少，2012年比2002年减少了18%。工业二氧化硫和工业废水也呈现明显的倒U形态，并且在2005年就到达了顶点，比普通方法测算的时间略有提前。但到2012年，工业二氧化硫和工业废水依然是2002年的1.43倍和1.23倍。

第四，不论是观测工业总体污染物排放增速，还是不同方法测算的污染物排放增速，我们都可以发现，虽然工业烟粉尘、工业二氧化硫以及工业废水排放量都呈现出比较明显的先升后降的倒 U 形曲线态势，但是工业废气排放量却一直处于上升趋势。在一个国度，同样的经济发展阶段，部分污染物排放呈现出环境库兹涅茨曲线，而也有例外的种类，这从一个侧面证明了所谓的环境库兹涅茨曲线并不是随着经济水平的发展而自发出现的，人们对污染物排放的主动控制行为造就了环境库兹涅茨曲线的形成，经济发展水平只是一个背景条件，倒 U 形拐点出现并不完全依赖于经济发展水平，这也是众多研究者之前对环境库兹涅茨曲线拐点测算不能达成共识的重要原因。在这一情况下，政府主张的环境规制对于环境的改善具有非常重要的作用，必须积极挖掘污染排放因素，并积极调控，主动改善经济发展的环境绩效。

第三节　环境负担的主要行业和环境福利享受国

一　出口引致污染的主要行业分布

出口引致的污染物排放量体现了行业的环境负担。从具体的产业方面分析，我们将各个年份中每种污染物排放量前六名的产业进行了排列，发现对于每一种污染物而言，23 个行业中的前六位，排放占比都达到了 60% 以上，工业废水甚至占比超过 75%。其余剩下的 18 个行业污染排放比重还不到 40%。这也意味着如果我国要通过贸易或者环境政策限制出口以改善环境效应，也只要针对排污比重大的几个重点行业就可以获得比较明显的效果。综合四类污染物来看，排放占比比较靠前的几个产业分别是：（1）化学工业；（2）通用和专用设备制造业；（3）通信设备、计算机及其他电子设备制造业；（4）电气、机械和器材制造业；（5）金属冶炼及压延加工；（6）造纸印刷及文教体育用品制造业；（7）非金属矿物制品业；（8）纺织业；（9）纺织服装鞋帽皮革羽绒及其制品业。

表 3-21　　　　各类隐含污染物排名前六的行业及累计占比

排位	工业废气	工业 SO$_2$	工业烟粉尘	工业废水
1	电气、机械及器材制造业	化学工业	非金属矿物制品业	造纸印刷及文教体育用品制造业
2	金属冶炼及压延加工业	电气、机械及器材制造业	电气、机械及器材制造业	纺织服装鞋帽皮革羽绒及其制品业
3	通信设备、计算机及其他电子设备制造业	通用、专用设备制造业	金属冶炼及压延加工业	化学工业
4	通用、专用设备制造业	金属冶炼及压延加工业	化学工业	纺织业
5	化学工业	通信设备、计算机及其他电子设备制造业	通用、专用设备制造业	通信设备、计算机及其他电子设备制造业
6	非金属矿物制品业	造纸印刷及文教体育用品制造业	通信设备、计算机及其他电子设备制造业	电气、机械及器材制造业

资料来源：笔者整理。

二　主要污染行业的贸易流向分布

在分析出各类污染物的主要产生行业后，我们还将对这些产品出口流向结构进行分析。在国际贸易中，污染性产业生产国出口商品的过程也是环境福利转移和分配的过程。之所以说是转移，是因为发达国家直接或间接从中国的高能耗和高排放中获得经济与环境收益，却完全由中国承担相应的环境成本，这并不公平。（Pan et al., 2008；陈迎等，2008）

对于引致隐含污染物多的行业，向某一个市场出口的数量越多，给对方带来的环境福利越大，在国际环境协调机制不能够很好发挥功能的条件下，必须通过国内主动的环境规制来进行调节。

（一）数据来源

OECD双边贸易数据库将联合国comtrade数据库中按照HS编号的贸易数据与国际标准产业分类（ISIC4.0）的各个产业进行了对标，一共收集了全球168个国家和地区的贸易数据（中国台湾地区和香港地区在该数据库中是单独算作两个地区的），我们因此可以直接得到各个产业的双边贸易数据。我们依据上述分析得到的主要污染产业门类提取了中国对全球所有国家的贸易额。

（二）主要污染行业的出口流向

按照传统的克鲁格曼（1991）提出的中心—外围理论，经济的中心，主要是发达国家和外围国家，主要是发展中国家之间的贸易中，发达国家出资本和技术密集型产品，而外围国家向中心国家出口资源密集型产品。按照这一理论的推断，中国作为全球最大的发展中国家，发达经济体应当是主要污染产业最重要出口地。

我们将全球所有国家划分为两个类别，一类是中心国家，也就是发达国家，我们采用OECD的35个成员国以及中国香港、台湾共37个国家和地区作为发达国家群体。世界上其他国家和地区作为外围地区。

表3-22　　　　主要污染行业向发达国家出口额占比　　　　（单位：%）

	2002年	2005年	2007年	2010年	2012年
通信设备、计算机及其他电子设备制造业	86.98	87.90	85.67	84.20	84.17
电气、机械及器材制造业	85.26	81.90	77.89	74.05	71.49
纺织服装鞋帽皮革羽绒及其制品业	84.77	77.64	72.60	73.14	68.11

续表

	2002年	2005年	2007年	2010年	2012年
造纸印刷及文教体育用品制造业	84.37	80.03	71.47	66.19	61.87
化学工业	71.29	68.28	64.15	58.50	56.87
通用、专用设备制造业	75.14	69.91	65.17	57.13	55.18
金属冶炼及压延加工业	76.80	73.45	64.49	55.78	51.39
非金属矿物制品业	79.45	69.57	64.54	57.71	53.58
纺织业	69.52	62.41	58.48	51.92	46.89

资料来源：OECD bilateral trade database 笔者计算。

通过对数据整理得到表 3-22 所示：上述 9 个主要污染行业中，除了纺织业外，8 个行业对 35 个发达国家和地区出口比重都超过了 50%。从五个时间点来看，各个行业出口到发达国家和地区的比重都存在下滑的趋势，其中非金属矿物制品业和金属冶炼及压延加工业下滑比重最多，都超过 25%。从单个行业出口到发达国家和地区的占比来看，通信设备、计算机及其他电子设备制造业占比最高，到 2012 年占比依然达到 84.17%，十年内下降幅度仅为 2.81%，下降幅度最小。电气、机械及器材制造业占比排第二，达到 71.49%。纺织服装鞋帽皮革羽绒及其制品业和造纸印刷及文教体育用品制造业比重也超过了 60%。

（三）从分行业前十出口地看贸易分布

从总体上来看，数据显示我国的主要污染行业的出口态势的确比较符合中心—外围理论的观点，较大比重的污染行业产品出口到了发达国家和地区，而这些产品生产过程中的污染物都由发展中国家承担。为了更加详细地分析这些行业的出口流向结构，我们进一步梳理了各个行业前十大出口目的地。

表 3-23　通信设备、计算机及其他电子设备制造业出口前十的国家和地区

（单位：%）

2002 年排名及占比		2005 年排名及占比		2007 年排名及占比		2010 年排名及占比		2012 年排名及占比	
中国香港	25.35	中国香港	25.90	中国香港	27.00	中国香港	24.71	中国香港	29.03
美国	22.79	美国	22.99	美国	21.04	美国	20.07	美国	19.45
日本	12.10	日本	8.17	荷兰	5.95	日本	5.98	日本	6.23
荷兰	5.64	荷兰	5.92	日本	5.58	荷兰	5.34	韩国	5.29
德国	4.24	德国	5.74	德国	4.72	德国	4.94	荷兰	5.27
新加坡	3.61	韩国	3.47	韩国	3.49	韩国	4.65	德国	3.50
韩国	3.35	新加坡	3.22	新加坡	3.12	新加坡	2.41	中华台北	2.62
马来西亚	2.96	中华台北	2.45	英国	2.24	中华台北	2.32	新加坡	2.04
中华台北	2.43	英国	2.13	中华台北	2.18	英国	1.99	墨西哥	1.72
英国	2.09	马来西亚	2.01	马来西亚	2.01	印度	1.79	英国	1.64
合计	84.56	合计	82.00	合计	77.33	合计	74.20	合计	76.79

资料来源：OECD bilateral trade database 笔者计算。

从表中可以看出，除了传统 OECD 国家外，香港一直是我国通信设备、计算机及其他电子设备制造业出口的首要地区，美国位居其次，两者占比之和已经接近 50%，同时马来西亚在 2010 年之前也一直是我国通信设备、计算机及其他电子设备制造业出口的主要国家，占比稳定在 2% 左右，而近年来印度、墨西哥取代马来西亚进入我国该行业出口前十。前十大出口市场累计占比从 84.56% 下滑到 76.79%，下滑幅度近 8 个百分点。

表 3-24　电气、机械及器材制造业出口前十的国家和地区　（单位：%）

2002 年排名及占比		2005 年排名及占比		2007 年排名及占比		2010 年排名及占比		2012 年排名及占比	
美国	25.38	美国	22.14	美国	20.44	美国	18.64	美国	18.89
中国香港	18.48	中国香港	17.81	中国香港	16.19	中国香港	17.05	中国香港	15.37
日本	11.83	日本	10.56	日本	9.00	日本	7.85	日本	8.27

续表

2002 年排名及占比		2005 年排名及占比		2007 年排名及占比		2010 年排名及占比		2012 年排名及占比	
德国	4.81	德国	4.70	德国	4.44	德国	4.29	德国	4.03
英国	3.65	韩国	3.79	韩国	3.68	韩国	3.05	韩国	2.85
韩国	3.64	英国	3.22	英国	3.17	英国	2.76	英国	2.68
中华台北	3.00	中华台北	2.73	中华台北	2.49	印度	2.71	印度	2.46
荷兰	1.88	荷兰	1.95	印度	2.18	中华台北	2.00	俄罗斯	2.07
法国	1.85	新加坡	1.77	意大利	2.07	法国	1.99	巴西	1.98
新加坡	1.75	意大利	1.73	法国	1.80	意大利	1.99	荷兰	1.92
合计	76.27	合计	70.40	合计	65.46	合计	62.33	合计	60.52

资料来源：OECD bilateral trade database 笔者计算。

从电气、机械及器材制造业来看，美国和中国香港一直是排名前二的出口目的地，两者占比之和在35%左右，且单独市场占比都超过15%。而日本和德国一直是排名第三和第四的出口市场，日本从2002年的11.83%下滑到2012年的不足10%，德国则一直稳定在4%左右。从2007年开始印度也进入到前十名出口国中来，占比稳定在2%到3%之间；在2012年，巴西和俄罗斯也名列前十，而新加坡、法国、意大利被挤出前十。前十大出口市场的累计占比从76.27%下滑到60.52%，下滑了约16个百分点。

表3-25　　纺织服装鞋帽皮革羽绒及其制品业出口前十的国家和地区（单位：%）

2002 年排名及占比		2005 年排名及占比		2007 年排名及占比		2010 年排名及占比		2012 年排名及占比	
日本	27.35	日本	20.00	美国	15.87	美国	19.02	美国	17.74
中国香港	17.34	美国	18.00	日本	14.36	日本	14.33	日本	14.08
美国	12.38	中国香港	9.37	中国香港	8.18	中国香港	5.61	中国香港	5.44
韩国	5.52	俄罗斯	7.35	俄罗斯	7.83	俄罗斯	3.70	德国	5.04
俄罗斯	3.19	德国	4.18	德国	4.13	德国	6.36	俄罗斯	4.11
德国	2.70	韩国	3.38	加拿大	3.34	加拿大	2.19	英国	4.08

续表

2002年排名及占比		2005年排名及占比		2007年排名及占比		2010年排名及占比		2012年排名及占比	
澳大利亚	2.50	英国	2.86	英国	3.01	英国	4.12	阿联酋	2.69
英国	1.79	意大利	2.45	韩国	2.95	韩国	2.28	法国	2.62
加拿大	1.75	澳大利亚	2.32	新加坡	2.73	新加坡	0.49	越南	2.48
墨西哥	1.52	加拿大	2.26	意大利	2.24	意大利	2.87	澳大利亚	2.25
合计	76.04	合计	72.17	合计	64.64	合计	60.97	合计	60.53

资料来源：OECD bilateral trade database 笔者计算。

纺织服装鞋帽皮革羽绒及其制品业是工业废水排放第一大行业，从该行业的前十出口国来看美国、日本和中国香港在十年间稳定地占据了前三位，日本的比重逐渐降低，美国所占比重平稳，中国香港所占比重逐步下降，贸易集中度不断下降。前三个国家占比合计也在逐步下降，从2002年的约57%下滑到了约35%。除了发达国家和地区外，新加坡、俄罗斯也一度处于主要出口国，越南和阿联酋在2012年才进入到前十大出口市场中，而加拿大、韩国落到十名开外。前十大出口国累计占比下滑了近16个百分点。

表3-26　造纸印刷及文教体育用品制造业出口前十的国家和地区（单位：%）

2002年排名及占比		2005年排名及占比		2007年排名及占比		2010年排名及占比		2012年排名及占比	
中国香港	32.16	中国香港	22.70	美国	18.06	美国	16.77	美国	16.47
美国	19.18	美国	20.71	中国香港	15.61	中国香港	11.20	日本	9.08
日本	12.20	日本	12.22	日本	7.84	日本	9.48	中国香港	8.92
中华台北	4.13	中华台北	3.99	韩国	4.06	英国	4.01	澳大利亚	4.19
韩国	3.18	澳大利亚	3.50	澳大利亚	3.84	澳大利亚	3.62	英国	3.41
澳大利亚	3.13	韩国	3.43	英国	3.23	韩国	3.06	马来西亚	2.78
英国	2.77	英国	2.97	印度	3.20	中华台北	2.97	韩国	2.63
新加坡	1.80	马来西亚	1.48	中华台北	3.17	印度	2.42	中华台北	2.49

续表

2002年排名及占比		2005年排名及占比		2007年排名及占比		2010年排名及占比		2012年排名及占比	
马来西亚	1.39	德国	1.44	马来西亚	2.31	马来西亚	2.16	印度	2.35
德国	1.37	印度尼西亚	1.41	意大利	1.84	德国	1.96	菲律宾	2.13
合计	81.31	合计	73.85	合计	63.16	合计	57.65	合计	54.45

资料来源：OECD bilateral trade database 笔者计算。

从造纸印刷及文教体育用品制造业的出口情况来看，美国、日本和中国香港也长期处于前三的位置，累计占比也不断下滑，从2002年的约63%下滑到2012年的约34%。除了发达国家和地区，马来西亚一直处于前十大出口市场中，印度尼西亚也曾经是该行业主要出口市场，2007年之后，马来西亚和印度以及菲律宾逐渐进入到主要的出口市场中。前十大出口市场累计占比从81.31%下滑到54.45%，降幅达到约27%。

表3-27　　　　　　化学工业出口前十的国家和地区　　　　（单位：%）

2002年排名及占比		2005年排名及占比		2007年排名及占比		2010年排名及占比		2012年排名及占比	
美国	19.73	美国	17.99	美国	15.65	美国	13.89	美国	14.63
日本	10.44	日本	10.45	日本	9.61	日本	7.50	日本	6.46
中国香港	10.01	中国香港	9.13	中国香港	7.44	中国香港	6.66	中国香港	6.16
韩国	5.34	韩国	4.80	韩国	5.20	印度	6.22	印度	5.62
德国	3.60	印度	3.50	印度	4.97	韩国	4.88	韩国	4.67
新加坡	3.27	德国	3.24	德国	3.08	中华台北	3.36	印度尼西亚	3.34
印度	3.15	印度尼西亚	3.03	中华台北	2.98	德国	3.24	德国	2.76
荷兰	2.82	荷兰	2.73	新加坡	2.86	新加坡	3.10	中华台北	2.70
越南	2.53	新加坡	2.67	荷兰	2.62	印度尼西亚	2.94	越南	2.59

续表

2002 年排名及占比		2005 年排名及占比		2007 年排名及占比		2010 年排名及占比		2012 年排名及占比	
英国	2.46	越南	2.67	印度尼西亚	2.39	越南	2.75	澳大利亚	2.50
合计	63.35	合计	60.21	合计	56.80	合计	54.54	合计	51.43

资料来源：OECD bilateral trade database 笔者计算。

从化学工业出口的主要市场来看，美国、日本、中国香港稳定排在前三位，累计占比十年下滑了约 10 个百分点，除了发达国家和地区外，印度、新加坡、越南、印度尼西亚都不定期成为该行业主要出口市场。前十大出口市场累计占比从 2002 年的 63.35% 下滑到 2012 年的 51.43%，下滑了约 12 个百分点。

表 3-28　　通用、专用设备制造业出口前十的国家和地区　　（单位：%）

2002 年排名及占比		2005 年排名及占比		2007 年排名及占比		2010 年排名及占比		2012 年排名及占比	
美国	23.83	美国	19.41	美国	14.95	美国	14.95	美国	15.59
日本	11.17	日本	10.70	日本	7.93	日本	7.93	日本	7.63
中国香港	10.30	中国香港	7.24	中国香港	5.14	印度	5.34	中国香港	4.73
德国	4.15	德国	3.84	德国	3.66	中国香港	5.14	印度	4.60
英国	3.12	意大利	3.19	印度	5.34	德国	3.66	俄罗斯	3.40
意大利	2.72	韩国	2.74	韩国	2.73	巴西	3.08	印度尼西亚	3.28
印度尼西亚	2.57	英国	2.46	意大利	2.35	韩国	2.73	德国	3.25
中华台北	2.26	中华台北	2.26	俄罗斯	2.47	印度尼西亚	2.64	巴西	2.92
韩国	2.09	印度尼西亚	2.23	荷兰	2.30	俄罗斯	2.47	韩国	2.70
荷兰	1.92	西班牙	2.20	英国	1.99	越南	2.41	泰国	2.62
合计	64.13	合计	56.27	合计	48.86	合计	50.35	合计	50.72

资料来源：OECD bilateral trade database 笔者计算。

从通用、专用设备制造业出口前十大市场来看,从 2002 年到 2012 年市场集中度从 64.13% 下滑到 50.72%,下降了约 14 个百分点。美国、日本和中国香港基本稳居前三大市场。到 2012 年,中国香港作为该行业第三大出口市场,占比已经与排名第四的印度接近。除了发达国家和地区,印度尼西亚、俄罗斯、越南、巴西、泰国和印度的市场地位都逐渐提升。

表 3-29　　金属冶炼及压延加工业出口前十的国家和地区　　（单位：%）

2002 年排名及占比		2005 年排名及占比		2007 年排名及占比		2010 年排名及占比		2012 年排名及占比	
中国香港	20.07	韩国	18.89	韩国	15.93	韩国	14.67	韩国	13.97
韩国	15.55	中国香港	11.62	美国	8.71	美国	7.14	美国	6.21
日本	11.46	美国	10.50	中国香港	7.82	中国香港	6.26	中国香港	5.17
美国	9.51	日本	10.19	日本	5.29	日本	6.14	日本	5.07
中华台北	6.28	中华台北	6.90	中华台北	4.49	印度	5.67	泰国	4.16
新加坡	5.32	泰国	4.81	意大利	4.08	越南	3.46	印度	3.99
荷兰	3.18	荷兰	3.89	印度	3.75	中华台北	3.42	越南	3.51
意大利	2.26	越南	2.91	越南	3.62	泰国	3.02	中华台北	3.42
泰国	2.07	新加坡	2.63	比利时	3.07	巴西	2.75	新加坡	3.20
印度尼西亚	1.83	印度尼西亚	2.50	荷兰	2.87	澳大利亚	2.49	印度尼西亚	2.78
合计	77.53	合计	74.84	合计	59.63	合计	55.02	合计	51.48

资料来源：OECD bilateral trade database 笔者计算。

从金属冶炼及压延加工业出口情况来看,韩国、美国、日本和中国香港长期占据前四位,合计占比从 56.59% 逐步下滑到 30.42%,下滑了 26.17 个百分点,而且这四个国家占比都发生了明显的下降。除了发达国家和地区外,泰国、印度尼西亚、印度、越南、巴西都曾经是该行业主要的出口市场。前十大出口市场占比从 2002 年的 77.53% 下滑到 2012 年的 51.48%,下降了 26.05 个百分点。

表 3-30　　　　　非金属矿物制品业出口前十的国家和地区　　　（单位：%）

2002 年排名及占比		2005 年排名及占比		2007 年排名及占比		2010 年排名及占比		2012 年排名及占比	
美国	21.28	美国	18.09	美国	15.66	美国	13.77	美国	13.13
日本	15.23	日本	9.98	日本	7.42	日本	6.38	日本	5.49
中国香港	12.00	中国香港	8.78	韩国	7.01	韩国	6.25	韩国	5.00
韩国	8.86	韩国	6.55	中国香港	5.66	德国	3.75	中国香港	4.56
德国	2.92	德国	3.08	俄罗斯	3.47	中国香港	3.60	德国	3.43
英国	2.20	阿联酋	2.63	德国	3.38	印度	3.22	印度	3.09
澳大利亚	2.15	英国	2.47	西班牙	3.30	英国	2.36	沙特阿拉伯	2.91
意大利	2.06	俄罗斯	2.32	阿联酋	2.90	阿联酋	2.35	马来西亚	2.88
马来西亚	2.05	新加坡	2.29	意大利	2.69	俄罗斯	2.22	英国	2.43
加拿大	1.98	西班牙	2.28	英国	2.63	荷兰	2.21	巴西	2.35
合计	70.73	合计	58.47	合计	54.12	合计	46.11	合计	45.27

资料来源：OECD bilateral trade database 笔者计算。

从非金属矿物制品业出口情况来看，美国、日本一直处于前两位，但是市场占比也在不断下滑。前十大市场合计占比已经由 2002 年的 70.73% 下滑到 45.27%，下滑了约 25 个百分点。除了发达国家和地区，俄罗斯、印度、马来西亚、阿联酋和沙特阿拉伯也是重要的出口市场。

表 3-31　　　　　纺织业出口前十的国家和地区　　　（单位：%）

2002 年排名及占比		2005 年排名及占比		2007 年排名及占比		2010 年排名及占比		2012 年排名及占比	
中国香港	26.51	中国香港	18.30	中国香港	15.04	美国	12.49	美国	11.60
日本	10.88	美国	13.37	美国	12.88	中国香港	9.83	中国香港	7.92
美国	9.40	日本	7.84	日本	6.41	日本	5.76	日本	5.89
韩国	5.40	韩国	3.95	韩国	3.83	越南	4.54	越南	5.11
阿联酋	2.87	阿联酋	2.96	阿联酋	2.91	印度	3.35	孟加拉国	3.56
意大利	2.67	意大利	2.90	意大利	2.86	孟加拉国	3.30	阿联酋	2.87

续表

2002年排名及占比		2005年排名及占比		2007年排名及占比		2010年排名及占比		2012年排名及占比	
孟加拉国	2.30	印度	2.90	印度	2.79	韩国	3.09	俄罗斯	2.83
印度	2.00	孟加拉国	2.71	越南	2.57	意大利	2.84	印度尼西亚	2.83
德国	1.93	德国	2.41	孟加拉国	2.54	德国	2.50	印度	2.78
英国	1.85	俄罗斯	2.09	德国	2.52	阿联酋	2.45	韩国	2.51
合计	65.81	合计	59.43	合计	54.35	合计	50.15	合计	47.90

资料来源：OECD bilateral trade database 笔者计算。

从纺织业出口的情况来看，中国香港、美国和日本稳定处于前三大市场，合计占比从46.79%下降到25.41%，下降幅度近一半。前十大出口市场合计占比从2002年的65.81%下滑到2012年的47.90%，下滑幅度接近20个百分点。除了发达国家和地区之外，印度尼西亚、俄罗斯、孟加拉国、阿联酋、印度、越南也是主要的出口目的地。

从上述9个主要污染型出口行业的前十大市场情况分布来看，除了主要发达国家和地区外，印度尼西亚、俄罗斯、孟加拉国、印度、越南、沙特、泰国、巴西这8个发展中国家以及阿联酋和新加坡这两个高收入国家从我国分享了环境福利。

第四节 本章小结

本章通过采用两种不同的方式，分别测算了我国外贸出口引致的污染物排放情况。采用一般方法测算的出口引致的直接污染物排放量远远小于通过投入产出方法测算出的隐含污染物排放量。说明实际上我国外贸出口的环境效应比一般认识高出数倍。但是从各类污染物排放增速来看，除了工业废气之外，其他污染物排放增速展现出了明显的倒 U 形态，拐点出现在 2007 年到 2010 年，结合当年的人均 GDP 来看，远远小于 Grossman 和 Krugeman 在 1991 年测算的墨西哥 4000 美元的拐点值。这说明一方面环境库兹涅茨曲线并不会随着经济发展自动形成，另一方面说明经济发展水平并不是环境绩效改善的必要条件。通过对主要污染型产业的出口流向分析，我们发现环境福利的产生和分配并不符合传统的中心—外围论，除了主要发达国家之外，一些发展中国家也从我国分享了大量的环境福利。

第四章
我国环境规制对贸易环境绩效的影响分析

出口贸易快速发展引致的大量污染物对我国环境质量造成了严重的破坏，影响了本国居民的生活质量。我国从 20 世纪 70 年代开始就注重经济增长和环境保护的协调问题，环境保护制度不断演化升级，对污染物的排放控制方式也经历了不同发展阶段。本章梳理了这一历史进程，并对环境规制如何影响出口贸易环境绩效进行了理论分析，并且最后通过实证分析检验了我国环境规制影响我国出口贸易环境绩效的传导机制和影响效果。

第一节 我国环境规制的制度演变

一 我国环境管理机构设置演变

从我国环境规制管理部门设置的历史沿革来看，我国最早从 20 世纪 70 年代开始关注环境问题。1971 年，原国家计划委员会成立了"三废"利用领导小组。1972 年 6 月，我国政府派代表团赴斯德哥尔摩参加联合国人类环境会议，并和世界其他国家一起通过了《联合国人类环境宣言》，认同"保护和改善人类环境是关系到全世界人民幸福和发展的重要问题，是全世界人民的迫切希望和各国政府的责任"的会议宗旨。1973 年 8 月国务院召开了第一次全国环境保护工作会议，审议通过了《关于保护和改善环境的若干规定》,这是我国第一个环境保护文件。1974年国务院开始设立环境保护领导小组,逐渐地,国务院下属的冶金部、化工部、纺织部、轻工部等工业主管部门都先后设立了本部门的环境保护机构,各个地方和中央企业内部也开始设立环保部门,环保意识和环保体系在全国形成了基本框架。到了1978年,在全国人民代表大会第五届一次会议中,投票通过了在宪法中体现环境保护与污染防治的责任主体,明确了政府部门对保护环境、自然资源和防治污染的职责。至此,宪法给我国环境规制制度提供了法律依据。我国环境治理法规体系建设从1979年正式开始建设,其标志性的事件是《中华人民共和国环境保护法》通过全国人大的审议,这也是我国第一部直接作用于环境保护的法律。

随着80年代初中央机构改革的启动,原来设在国务院的环境保护领导小组在1982年12月撤销,在城乡建设环境保护部内部成立了环境保护局。但是到了1988年的新一轮国家机构改革中,环境保护局又再次被升级为国务院直属机构,开启了环保工作由国家环境保护局主持的阶段。由于国家环境保护局比原来的国务院领导小组和城乡建设部下属局都更加独立,我国环境保护工作在这一阶段推动较快。到了1998年环境保护工作进一步受到国家重视,国家环境保护局再次提升级别,成为国家环境保护总局,作为正部级单位,环境保护的职能也有所增加。

环境保护工作量大,而国家环保总局虽然有环保职责和法律支持,但是一直没有执法专业队伍,到了2006年,国家环保总局为了覆盖全国环境,在各个区域成立了环保督查中心,分别设在东北、华东、西北、西南、华南和华北六个地区,进一步增强环境执法能力,也使得环境保护监测和政策得以全域覆盖。为了进一步提升环境保护部门的政策执行和协调能力,到了2008年,又将总局提升为环境保护部。

一个国家环境政策的力度和相关部门的行政级别有直接的关系,

1982年，国务院环境保护领导小组办公室并入城乡建设环境保护部形成部属局之后，很多地方把当地原来直属政府管辖的、具有独立管理权的环境保护局并入城乡建设部门，导致了环境管理部门降格和减员，环境管理能力受到削弱。在1993—1994年的机构改革中，国务院直属部委数量减少，并要求县级行政机构削减规模，而环境保护部门不属于"对所有的县都是必要的"18个部门之列。这样也导致许多地方压缩甚至取消了环境保护机构，造成环境管理能力的倒退。从整个历史沿革变迁情况来看，我国环境保护部门的地位在波动中曲折上升。进入21世纪以来，中国的环境保护部门日益受到重视，级别不断提升，政策覆盖面不断扩大，政策执行力度不断强化，这也从一个侧面反映了中国环境管制力度的不断强化。

二 我国主要污染物控制方式转变过程

从污染物控制方式来看，主要分为"浓度控制"和"总量控制"两类。所谓的浓度控制是指以控制污染源排放口排出污染物的浓度为监测管理对象，该管理方法体系的核心内容是国家制定的污染物排放标准。此外，也包括了不同行业污染物排放标准和省级污染物排放标准，确保控制污染源排放口排出的污染物浓度达到应有的标准。污染物总量控制是以一定区域和时间为限制，对所有不同的污染排放者排放的某一类污染物采取控制措施，使排放总量不超过环境容量或者政策设定的污染总量目标。根据排放总量的确定方式，污染物总量控制也可以分为容量总量控制和目标总量控制。自然环境对一定量的污染物有自我洁净功能，这个自我净化的量成为环境容量。我们可以把一定区域的环境容量作为污染物排放总量控制工作的依据，称为容量总量控制。如果是在一个地区排放污染物的历史情况基础上，提出削减目标，则称为目标总量控制。我国目前总量控制通过区域层级来划分就形成了国家级、省级、城市级和企业级总量控制计划等。各级别的总量控制额价值不能超过上一级的总量额度。另外，由于行业管理部门的存在，还有分产业和行业的总量控制额度。

浓度控制和总量控制的管理对象是不同的，在浓度控制制度下，排放标准实际上是对污染源控制技术的具体要求。但到了总量控制模式下，企业便成了直接被监管者。在总量控制下，监管者不再对污染源进行监测，管理层级提升到企业的总排放量，具体污染源如何排放由企业自行处理。

从管理成本上比较，总量控制只管理到法人单位或者企业，数量相对较少，具有自我行动力。而浓度控制针对的是具体的污染源甚至是排污口，管理对象多，可变化性强。因而进行总量控制的执法成本更低。

在"九五"计划之前，我国的污染物管理主要以浓度控制为主，"排污费""建设项目环保三同时"和环境影响评价等制度都是以浓度排放标准为主要依据。从"九五"计划开始，我国的污染物管理开始从浓度控制转向总量控制。"污染物排放总量控制"在我国的首次提出是在《国民经济和社会发展"九五"计划和2010年远景目标纲要》中。在环保方面，国家环保局出台了配套政策——《"九五"期间全国主要污染物排放总量控制计划》，在该计划中，国家环保局提出对废气中排放的二氧化硫、烟粉尘等污染物实行总量控制。这一模式在之后的经济规划中得到了继承，在后续的"十一五"和"十二五"时期，总量控制作为约束性指标已经纳入到了国民经济社会发展中。可以说，总量控制制度已经成为我国控制污染物排放量的主要制度的重要组成部分。

三 我国污染物总量控制实施方式

我国对污染物的总量控制以工业污染防治为重点，首先从国家层面确定各种污染物的目标排放总量。在确定完国家总量后，根据各个地区以往的排放数据,"自上而下"进行分解,各省得到总量之后再向市一级下拨排放指标,再到县一级。经过"九五"的积极探索,我国初步建立了自上而下的污染物排放总量控制制度,而原来的浓度控制模式和总量控制模式平行运行,逐渐向两者相结合转变。

从"九五"后期开始,我国对环境问题关注的中心逐步由工业污染转移到改善城市和区域的环境质量上来,这一点在国民发展规划中也有所体现,即将污染物总量控制指标纳入到五年计划指标体系当中的预期目标中来。为了改善城市和乡村的环境质量,工业区和城市的主要污染物排放量都要比以往减少。如果将"十五"与"九五"的控制计划进行比较,可以发现"十五"期间规定的需要减排的主要污染物的种类比"九五"计划有减少,但是控制的环境对象比之前更宽泛,对重点区域的主要污染物控制总量和排放总量进行了规定,对两控区域的排放总量进行了明确的规定。而总量指标在向不同地区进行分配的过程中还考虑到了不同地区环境容量的因素。

在"十一五"期间,酸雨问题和西北、华北部分地区的大气环境问题开始突出,这一时期我国污染总量控制的目标以解决这些环境问题为主。在控制的污染物种类上进一步减少,仅将化学需氧量和二氧化硫纳入大气污染物总量控制指标的范围,但在这一时期,正式将环境污染的总量控制指标纳入国家发展规划的约束性指标体系中去,提升了环境制度的地位。"十一五"期间我国环境污染的总量目标分解继续依循"自下而上"的原则,但是也进行了管理创新,主要体现在落实方式上。一是制定了"淡化基数、核实减量、算清增量"的原则。二是纳入了行业总量控制,与区域总量控制相结合。在行业环境管理上,对部分排放量大、污染重的行业单独设置环境排放目标。三是在具体的减排量目标分解方面,将目标实施的工程措施落实到了具体排放源。四是为了强化减排政策的落实,采用了目标责任制,强化相关部门的责任感。

到了"十二五"期间，我国进一步加大了总量控制的工作力度，主要大气污染物的总量控制指标还增加了氮氧化物。在总量分配方式上，在"十一五"的分配模式基础上有所改进，确定了公平、可行和高效的三个原则，在明确国家层面的总量控制目标后，构建了标准化的省际分配方法。每个省根据自身的经济社会发展情况、环境质量状况和污染减排潜力，向中央提出本省污染排放总量并提交减排项目清单。国家环保部在权衡宏观经济情况、产业布局结构调整要求以及节能减排总体目标的基础上，统筹安排各省区市的总量控制目标，并且对重点污染源进行筛选，再将减排任务细分到了各省市，落实到具体的污染源。在行业性总量分配方面也进行了进一步改进。国家在考虑企业生产技术、燃料质量、生产效率和污染治理的当前情况和历史因素的基础上，采用排放绩效方法进行分配，合理地对电力、钢铁、水泥和交通运输等行业的总量分配进行了完善。通过"从上到下"和"从下向上"相结合的减排指标分配方式，配合地方政府和企业主体的减排责任制度，再通过环保部门后期的监督考核，在全国范围形成了强有力的污染总量减配格局。

从环境规制的类别来看，到目前为止，我国的总量分配制度不论是从上到下的模式还是从下向上的分配方式，都是属于命令型管制方式，没有形成市场型规制工具。在命令型管制方式下，总量控制制度主要依靠一次分配发挥作用，但实际上不同的污染源的减排边际成本差别很大，依靠一次分配无法实现污染源治理投资的帕累托最优，污染治理资金的使用效率得不到充分的发挥。建立排污权交易制度，则可以利用市场机制使得总量控制制度通过二次分配发挥作用。我国从"十二五"开始，在多个地方进行了排污权交易的试点，计划在"十三五"期间在全国范围内推广实施排污权交易制度，未来，我国污染物的总量控制和分配制度将进一步完善，政策工具更加丰富灵活，污染物治理能力也将得到进一步提升。

从我国污染物总量控制实施的政策演变来看，进入21世纪以来，污染物控制目标总量分配方式在不断优化，可以说这反映了政策落实效率不断提升。但是总量控制中的目标污染物种类也在发生变化，因而也对环境规制强度变化产生了一定的影响。

第二节 环境规制影响贸易环境效应的理论分析

一 国际贸易影响环境的理论分析

在国际贸易和环境问题的理论分析上，多数研究者从环境要素变动对国家间贸易量的影响，发达国家和发展中国家因为不同的环境要素密集产品贸易产生的环境福利在国家间如何分配等方面考虑。在模型的采用上，主要是在 H-O 模型的基础上进行了改善。Copeland 和 Taylor（1994）在研究中使用的一般均衡模型包含了多个国家和多种商品南北贸易模型，主要研究了发达国家和发展中国家之间的贸易关系对发展中国家的环境质量的影响。到了 2001 年 Antweiler、Copeland 和 Taylor 在原有的研究基础上，通过将环境要素引入传统的 H-O 模型理论进一步调整，构建了由污染控制成本和要素禀赋共同决定贸易模式的理论模型，阐述了国际贸易对环境影响的机理。他们在研究中提出的贸易对环境影响的"贸易量、技术进步、产业结构升级"三效应，成为后来研究者对这个问题分析的经典范式。本书在 Antweiler、Copeland 和 Taylor（2001）提出的模型基础上，把传统的自由贸易对环境效应影响的三要素作为中间变量，研究了环境规制对贸易引致的污染物排放的影响。

设一个开放经济体系，有两种生产要素，资本（K）和劳动力（L），价格分别为 r 和 W。生产的产品有两种，分别是 X 和 Y。其中 Y 产品是劳动密集型产品，而 X 产品是资本密集型产品，即有 $\frac{K_x}{L_x} > \frac{K_y}{L_y}$。我们假设资本密集型行业为污染行业，劳动密集型行业为清洁行业，Y产品的生产过程不产生污染物，我们还假设生产X造成的污染不具有外部性，即不会对其他厂商的生产造成不利影响。X和Y的生产技术可以用单位成本函数$Cx(w,r)$和$Cy(w,y)$表示，我们还假设两种产品生产过程中规模报酬不变，则产品X的生产函数为：$X=H(Ky,Ly)$，其中函数H是递增的、线性齐次函数，呈凹性。我们以产品Y的价格为基准计价单位（numeraire），于是有$Py=1$，则产品X的价格为$Px=P$。

（一）生产者行为分析

X产业生产不仅有合意产品X，还有非合意产出——污染物，用Z来表示。污染排放是可以治理的，我们假设企业治理污染也使用同样的要素，并且用于治理污染的要素比例为θ，而且是污染治理技术A的函数，即$\theta=\theta(A)$，在污染排放水平一定的条件下，污染治理技术越高，所需的污染治理投入要素越少。在假设规模报酬不变的条件下，投入X行业的要素（K_x, L_x）中会有θ比例的生产要素被用来治理生产造成的污染排放，于是产品X的净产出为：

$$x=(1-\theta(A))F(K_x, L_x) \quad (4-1)$$

污染物Z的产出为：$Z=e(\theta)H(K_x, L_x)$ (4-2)

如果通过税收调整来强化环境规制，假设污染税税率为τ，那么企业在计算利润时候也需要扣除掉这些成本。于是生产X产品的企业利润为：$\pi_x = p^n x - wL_x - rK_x$ (4-3)

其中$p^n = p(1-\theta) - \tau e(\theta)$，表示企业产品X的净价。等式两边对求导，

可以得到$p = -\tau e'(\theta)$： (4-4)

于是可以测算出企业的排污强度$\theta = \theta(\tau/P)$，因此企业单位产出的排放量e是τ/P的函数。在完全竞争市场条件下，由利润最大化假设，可以得出$p_n = C^x(w,r)$, $c^Y(w,r)=1$

并且劳动力和资本市场出清条件下有：

$$L = C_w^x x + C_w^Y y \quad 并且 \quad K = C_\tau^x x + C_\tau^Y y$$

（二）消费者行为分析

假设社会中消费者根据对于环境质量的偏好分成两类，一类消费者对生态环境要求比较高，对污染容忍度比较低，其他的消费者对环境质量需求不强烈。Antweiler、Copeland（2001）将这两类消费者称为绿色消费者 N^g 和棕色消费者 N^b。

假设一个国家人口总数为 N，则有 $N^g + N^b = N$，对于非污染的其他产品，我们假设这两种消费者的偏好没有差异，于是，当研究的产品消费造成的污染量一定的情况下，我们得到总体消费者的间接效用函数：

$$V^i(I,z) = u(I) - \rho^i z \quad 其中 \ i = \{g, b\} \qquad (4-5)$$

这里的 I 表示 N^g 和 N^b 两类消费者总体的收入水平，u 表示效用函数，该函数呈凹性，且是单调递增的，ρ^i 代表第 i 类消费者污染边际效用，z 代表污染排放水平。总效用为消费正向效用减去污染引起的效用的差。由于两类消费者对环境质量的偏好不同，因此，污染增加对不同消费者的影响不同。由于绿色消费者对环境质量变差的容忍度低，于是有 $\rho^g > \rho^b \geq 0$。

（三）政府行为分析

假设政府通过征收污染税来调节环境规制强度，使得福利最大化。若税率为 τ，那么有：

$$\max N \times [\lambda V^g + (1-\lambda) \times V^b] \qquad (4-6)$$

在式4-6中，N 为两类消费者的总体数量，V^g 和 V^b 是间接效用函数，分别代表绿色消费群体和棕色消费群体，政府对环境质量的重视程度用 λ 表示，是一种权重值。λ 越大，环境规制政策可能越加严格。通过求导得出效用最大化一阶条件为：

$$u'(I)\frac{dI}{d\tau} - [\lambda\rho^g + (1-\lambda)\rho^b]\frac{dz}{d\tau} = 0 \qquad (4-7)$$

由企业部门利润最大化条件,我们得到企业收入的表达式为 $R(\rho^n, K, L)$,进一步地,我们可以将国民收入描述为:

$$G = R(\rho^n, K, L) + \tau z \qquad (4-8)$$

I 用来表示消费者的实际收入水平,其表达式为 $I = \dfrac{G/N}{\sigma(p)}$,其中 $\sigma(p)$ 表示价格指数。

$$\frac{dI}{d\tau} = \frac{1}{N\sigma(p)}[Rp^n\frac{dp^n}{d\tau} + z + \tau\frac{dz}{d\tau}] \qquad (4-9)$$

将式 4-8 和式 4-9 两个方程融合可以得到

$$\tau = \frac{N\sigma(p)}{u'}[\lambda\rho^g + (1-\lambda)\rho^b] \qquad (4-10)$$

我们又假设,消费者受到了污染损害,其边际量为 $MD^i(p,I) = p^i\sigma(p)/u^i$,则有:

$$\tau = N[\lambda MD^g(p,I) + (1-\lambda)MD^b(p,I)] \qquad (4-11)$$

这一表达式体现出的含义是,加权后两类消费者边际损害总和与消费者数量的乘积就是政府制定的污染排放的市场价格。

再令 $T = N[\lambda p^g + (1-\lambda)pb]$ 表示国家类型,那么一个国家的有效边际损害可以表示为:

$$\tau = T\varepsilon(p,I) \qquad (4-12)$$

该式同时也就是污染供给曲线。

我们可以得到污染需求曲线。因为企业生产污染产品 X 和清洁产品 Y,我们假设企业总产出为 S,$S = X + Y$,如果以 Φ 表示总产出中污染品 X 的比重,则污染物产出方程可以改写为 $z = e\Phi S$,如果等式两边微分,可以有

$$\frac{dz}{z} = \frac{de}{e} + \frac{d\Phi}{\Phi} + \frac{dS}{s} \qquad (4-13)$$

该式就是污染物需求曲线。在这个分解式中,e 的微分表示单位产品生产排放污染物强度的变化率,是技术效应变化的体现。对的微

分表示生产产品中污染性产品占比，体现了产业和产业结构变化产生的效应。S 是产品总量，对 S 的微分体现出规模效应。

将式 4-12 和式 4-13 两式联立则可以得到均衡解。

二　环境规制通过技术、贸易规模和产业结构影响贸易环境绩效的理论

环境规制对技术的影响理论主要源于"波特假说"。Poter（1991）基于创新理论的创新补偿机制提出，在长期受到环境规制制约的企业会主动研发或者使用新技术，使企业绿色生产率提升，从而降低生产过程中污染物的排放，出口贸易引致的污染量也会因此降低。

环境规制对贸易规模的影响理论来源于"污染天堂"假说。Banmol and Oates 在 1988 年将环境作为一种要素资源纳入到传统的 H-O 理论当中，环境规制强的国家环境资源稀缺，环境规制弱的国家环境资源充裕，分析后得出环境规制强的国家的污染性产品产业的竞争力下降，污染性产业产品的出口流量大大降低，同时污染性产业通过 FDI 方式转移到环境规制弱的国家，导致环境规制较弱的国家出口流量增大。

目前的研究认为，环境规制对于产业结构的影响主要通过壁垒和促进技术创新发挥作用。梅国平（2012）指出环境规制政策实际上形成了产业的进入壁垒，规制强度大意味着进入壁垒高，进入企业的环境技术效率较高，从而促进了清洁性产业的发展，限制了污染性产业的扩张。其次，环境规制的不断强化，会促使企业不断加速技术研发以弥补其环境合规成本，在技术创新的不断积累过程中，新的生产数据和新工艺、生产工具会被慢慢地发现和开发出来，产业分工于是进一步深化，推动产业结构向更高的方向进一步发展。

上述的研究实际上表明，环境规制是可以通过技术进步、贸易

规模和产业结构变化影响贸易环境绩效的,这三个因素起到了中介的作用。也有研究直接验证了技术创新(苏培添、魏国江、张玉珠,2020)、产业结构和外商直接投资(蔡乌赶、许凤茹,2020)是环境规制影响环境污染的重要中介。

三 中介效应机制分析

中介效应是经济和社会科学中研究变量之间关系的一种常用方法,可以用来测度解释变量通过中介变量对被解释变量产生的影响程度。中介变量作为中介效应的承担者,是另外一种因果关系传导机制的体现。

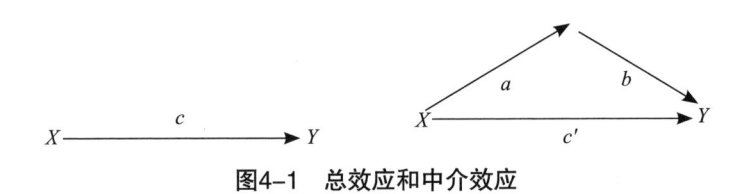

图4-1 总效应和中介效应

如图4-1所示,X是解释变量,Y是被解释变量,c表示X对Y的总效应。M表示中介变量,c'表示X对Y的直接效应,而ab表示解释变量X经过中介变量M对Y产生的中介效应。我们有$Y=cX+e_1$以及$M=aX+e_2$和$Y=c'X+bM+e_3$。其中,e_1、e_2和e_3是误差项。各种效应之间的内在联系为:$c=c'+ab$,此时,中介效应为$ab=c-c'$,当c'为0时,中介效应就是总效应。对中介效应还需要进行Sobel检验(陈东,2013),设定新统计量$Z=ab/\sqrt{a^2\times S_a^2+b^2\times S_b^2}$,其中$S_a$和$S_b$分别是$a$和$b$两个系数的标准差,如果$Z$显著,则表明中介效应存在。

环境规制通过中介效应对于国际贸易的环境效应产生影响。即环境规制通过对污染性产品的贸易流量、一个国家的污染性产业技术变化和产业结构影响了一个国家对外贸易引致污染物的排放量。

第三节　我国环境规制强度的测算

研究者们对环境规制的衡量做了很多的尝试，衡量指标经历了从定性指标到定量指标，从绝对指标到相对指标，从单一指标到综合性指标的发展过程。但是环境规制衡量指标仍然没有形成广泛的共识。其主要难度主要存在于数据的可得性、环境问题的多维性和并发性（程都、李钢，2017）。一些学者采用耶鲁大学和哥伦比亚大学联合发布的 EPI 指数，但该指数包含面过于宽泛。还有很多学者采用污染减排成本（PACE）和工业增加值的比重进行衡量，但是这一方法不能反映污染的总体成本，也不能体现环境规制提升的空间。李钢、董敏杰和沈可挺（2012）使用广义的污染物减排成本与分行业工业增加值的比重来衡量环境规制，本书沿用这一思路，但是采用各工业行业各种污染物虚拟成本总和占产值的比来衡量环境规制的强度。所谓的虚拟治理成本就是根据当前处理单位污染物的成本测算得到的将所有排放的未处理的污染物都按照标准进行处理所需要的成本，也称为未支付环境成本。虚拟治理成本占总产值比重越大，表明当前的环境规制对该行业的污染行为约束强度越低，同时也表明环境规制进一步提升的空间较大。

在污染物选择上，由于我国环境统计资料中，对于废水和废气具有治理费用的统计，而固体污染物则没有相关费用，因此我们只选择了废水和废气污染物。在废水的污染物处理成本方面，我们可以通过废水处理设施年运行费用和处理的废水总量得到每单位废水的处理费用，结合统计的未经处理的废水排放量，我们可以得到工业废水的虚拟治理成本。在废气方面，我们根据环境统计年鉴和历年环境统计年报，获得 2002 年、2005 年、2007 年、2010 年和 2012 年各个工业行业二氧化硫的单位处理成本，结合统计的各工业行业废气治理年运行费用得到二氧化硫的处理量，再结合统计年鉴中提供的各个工业行业排放的二氧化硫量，可以得到废气中二氧化硫的虚拟治理成本。虽然废气污染物中存在氮氧化物和烟尘等污染物，但是我们通过调研发现，多数工业废气是统一进入处理设施中进行一次性或分段处理的，而且在国家"十五"到"十二五"期间，一直特别注重二氧化硫的消除。通过废气处理设施的年运行费用数据和二氧化硫的处理成本数据，我们可以比较准确地测算得到整体废气的处理成本。很多其他研究者在衡量环境规制时也统计二氧化硫的排放，但很多采用的是通过分行业能源排放系数配合投入产出表测算而来，只考虑了燃烧硫的情况，其默认的逻辑是工业生产中带来的大气污染物的主要来源是能源的使用。而实际上，从"十一五"开始，我国各类大气污染物排放与能源消费已经呈现出脱钩趋势（俞海等，2015）。因此，只考虑燃烧硫带来的污染很不全面，而我们的方法不仅考虑到了燃料硫，还考虑到了工艺硫，更加贴合现实情况。

根据上述环境规制强度测算方法，我们可以计算得到从2002年到2012年中公布投入产出表的年份的废水和废气污染排放物的环境规制强度。由于采用未支付环境成本的方法，该指标实际上是价值化的指标，因此也可以将两类污染物的未支付环境成本进行加总后得到各年份分行业总体环境规制强度。表4-3显示了五个年份的分行业环境规制强度的测算值，其中标灰的行业是上一章中分析的引致污染物较多的九个重污染行业。

表4-1　　　　　　　各年份分行业环境规制强度

行业名称/年份	2002年	2005年	2007年	2010年	2012年
煤炭开采和洗选业	0.18%	0.11%	0.11%	0.09%	0.07%
石油和天然气开采业	0.03%	0.05%	0.05%	0.02%	0.05%
金属矿采选业	3.39%	0.43%	0.54%	0.23%	0.16%

续表

行业名称/年份	2002年	2005年	2007年	2010年	2012年
非金属矿及其他矿采选业	0.11%	0.12%	0.52%	0.07%	0.10%
食品制造及烟草加工业	0.38%	0.16%	0.11%	0.15%	0.25%
纺织业	0.73%	0.67%	0.46%	0.67%	0.56%
纺织服装鞋帽皮革羽绒及其制品业	0.19%	0.14%	0.07%	0.13%	0.23%
木材加工及家具制造业	0.19%	0.12%	0.06%	0.07%	0.11%
造纸印刷及文教体育用品制造业	0.79%	0.55%	0.42%	0.53%	0.32%
石油加工、炼焦及核燃料加工业	0.63%	0.79%	0.96%	0.94%	1.68%
化学工业	1.07%	0.81%	0.48%	0.41%	0.64%
非金属矿物制品业	5.82%	1.34%	1.07%	1.31%	1.13%
金属冶炼及压延加工业	6.68%	1.81%	1.56%	1.92%	1.50%
金属制品业	0.11%	0.09%	0.10%	0.08%	0.07%
通用、专用设备制造业	0.13%	0.04%	0.05%	0.04%	0.06%
交通运输设备制造业	0.30%	0.07%	0.06%	0.06%	0.11%
电气、机械及器材制造业	0.16%	0.11%	0.07%	0.05%	0.08%
通信设备、计算机及其他电子设备制造业	0.06%	0.07%	0.14%	0.18%	0.62%
仪器仪表及文化办公用机械制造业	0.50%	0.10%	0.11%	0.05%	0.12%
工艺品及其他制造业	0.03%	0.02%	0.00%	0.01%	0.13%
电力、热力的生产和供应业	10.50%	5.14%	2.49%	4.12%	4.23%
燃气生产和供应业	1.90%	0.25%	0.20%	0.15%	0.20%
水的生产和供应业	0.03%	0.03%	0.01%	0.01%	0.00%
合计	1.88%	1.26%	0.55%	0.68%	0.66%

可以发现，从上述工业行业总体来看，工业未支付环境成本占产值比重从2002年的1.88%下降到2012年的0.66%，但是在2007年曾经达到0.55%，是最低点。因此，环境规制强度的变化趋势是呈U形提升的，而非线性加强。从分行业的环境规制情况来看，电力、热力的生产和供应业，燃气生产和供应业，非金属矿物制品业，金属冶炼及压延加工业，金属矿采选业的环境规制强度提升幅度较大，进一步提升的空间也相对较大。也有一些行业，诸如工艺品及其他制造业，

仪器仪表及文化办公用机械制造业，石油加工、炼焦及核燃料加工业，环境规制强度从2002年到2012年是减弱的。

从重污染行业的环境规制情况来看，纺织业、纺织服装鞋帽皮革羽绒及其制品业、化学工业等行业也是呈现出U形特征，而通信设备、计算机及其他电子设备制造业则显示了环境规制强度不断减弱的态势。

第四节 模型的设定和结果分析

一 模型设定

基于前述的环境规制对贸易环境效应影响的理论分析，我们设定如下模型来验证环境规制对出口贸易引致的污染物的影响情况。

$$pollution_{it} - \eta_0 + \gamma_1 regulation_{it} + \sum_{j=2}^{4} \gamma_j control_{it} + \eta_i + \varepsilon_{it} \quad (4-14)$$

其中，$pollution$表示出口引致的隐含污染物，是贸易的环境效应的体现，$regulation$代表环境规制强度，$control$代表控制变量，η表示随机干扰项，ε表示残差。

综合已有的研究，本书在模型中加入的控制变量有三个，一是当年吸收外商直接投资FDI总额；二是当年的人均GDP；三是当年的加工贸易出口额。加入FDI是由于我国在加入世贸组织之后，快速融入到了全球产业链中去，对外开放度不断提升，吸引外资力度也不断加大，国际跨国公司纷纷到中国投资设厂。由于国际企业拥有完善的商务渠道，FDI对中国贸易出口起到了明显的助推作用，据相关统计，通过外商独资、外商合资以及外商合作企业出口的产品份额常年占到我国商品出口总额的近一半。此外，Wang & Chen C.（2014）的研究表明，由于发达国家和地区转移企业，本身的环境效率比发展中的东道国企业环境效率更高，因此 FDI 的升高有时候会对东道国环境起到正向效应。

人均 GDP 反映了国家的经济富裕程度。按照环境库兹涅茨曲线的解释，一般的工业化国家，在经济刚刚进入快速发展阶段的环境容易受到破坏，环境质量下滑严重。但经济发展水平达到一定的阶段时，环境质量会逐步受到重视，因此随着经济的进一步发展，环境质量又会有所改善。

加工贸易是我国对外贸易的重要形式。在对外开放之后，中国通过承接 GVC 中低附加值的加工组装环节，融入国际生产大循环中，成为全球市场上最有竞争力的外包制造平台（Gereffi and Sturgeon，2004），在中国对外贸易高速增长的过程中，加工贸易成为对外贸易的重要部分，从 1993 年开始贸易额所占比重一直维持在 50% 左右，高于一般贸易的占比。到 2007 年开始有所下滑，但依然占据较高的份额，因此将加工贸易出口额也作为控制变量。

根据前述环境规制对出口隐含污染物的影响机制分析，环境规制通过产业技术、贸易规模和商品结构作为中介对贸易的环境效应产生作用。本书按照 Hayes 中介效应检验法，构建模型方程进行验证。

$$pollution_{it} = \eta_0 + \gamma_1 regulation_{it} + \sum_{j=2}^{4} \gamma_j control_{it} + \eta_i + \varepsilon_{it} \quad (4-15)$$

$$W_{it} = \tau_0 + \theta_1 regulation_{it} + \sum_{j=2}^{4} \theta_j control_{it} + \tau_i + v_{it} \quad (4-16)$$

$$pollution_{it} = \xi_0 + \varphi_1 regulation_{it} + \omega W_{it} \sum_{j=2}^{4} \varphi_j control_{it} + \xi_i + \mu_{it} \quad (4-17)$$

其中，W 代表中介变量，包括所有制造业产业或者重污染产业的贸易流量（trade），产业绿色生产率（tech），产业结构（struc）。贸易流量我们采用出口金额作为指标量，产业结构我们采用某个产业的工业产值占工业行业总产出的比重作为指标，在产业绿色生产率方面，很多研究者通过数据包络方法（DEA）测算分产业的绿色全要素生产率，但是通过 DEA 方法只能测算变化率，是增量概念。而在本模型中，采用表示绿色生产率的存量概念更加妥当，因此，我们采用万元或亿元产值产生的废气和废水量的加权量作为衡量产业绿色生产率的指标。

二 数据处理与描述性统计

在指标值中,绿色生产率、贸易流量、加工贸易出口额考虑到要避免异方差,同时也为了使得各个指标值具有可比性,我们对多个指标进行了调整。我们将实际利用外资、加工贸易、人均GDP、贸易流量额、加工贸易额都取对数。对于绿色生产率,我们分行业将各类别污染物产出率加总后除100,以获得绿色生产率的正向指标。对于环境规制指标,在前述的测算基础上,为了获得数值与规制强度同方向的指标,我们通过数乘100,得到一套正向指标,使用到模型测算中。

对于被解释变量pollution,我们主要使用隐含污染物,并取对数作为指标值。由于污染物种类有三种,我们分别将排放的二氧化硫、工业废水和烟粉尘作为被解释变量进行回归。这些隐含污染物数据来源于第三章的测算结果。其它指标使用的数据来源于《中国统计年鉴》和中经网统计数据库。另外,由于工艺品和其他制造业在文章研究的十年里统计口径有较大变化,导致相关数据有异常变动,因此我们剔除掉工艺品和其他制造业。

表4-2 各个指标的描述性统计

变量类型	变量名称	观测值	均值	标准差	最小值	最大值
被解释变量	Pollution(SO_2)	100	11.44	1.52	7.39	13.65
被解释变量	Pollution(water)	100	18.56	1.71	14.74	21.13
被解释变量	Pollution(dust)	100	10.95	1.61	6.78	13.65
解释变量	Regulation	100	7.8	8.2	0.1	50
中介变量	structure	100	4.92	3.30	0.59	13.36

续表

变量类型	变量名称	观测值	均值	标准差	最小值	最大值
中介变量	trade	100	16.41	1.70	12.14	19.52
中介变量	tech	100	30.55	14.21	12.84	90.38
控制变量	fdi	100	10.73	0.11	10.57	10.87
控制变量	perGDP	100	9.92	0.52	9.16	10.60
控制变量	procestrade	5	8.51	0.56	7.50	9.06

从各个指标的均值来看，都在一个数量级上，绿色生产率（tech）均值最大，为30.55，产业结构（structure）均值最小，为4.92。从标准差变动情况来看，绿色生产率（tech）方差最大为14.21，吸收外资（fdi）、加工贸易（procestrade）和人均GDP（perGDP）偏小，分别是0.11、0.56和0.52。

我们分别生成了分行业绿色生产率、贸易流量、产业结构和环境规制四个变量的趋势图。

表4-3   变量对照表

Chemical	coal	coke	computer	Elecmechine
化学工业	煤炭开采和洗选业	石油加工、炼焦及核燃料加工业	通信设备、计算机及其他电子设备制造业	电气、机械及器材制造业
electric	fabric	food	gas	Lumber
电力、热力的生产和供应业	纺织业	食品制造及烟草加工业	石油和天然气开采业	木材加工及家具制造业
machine	Metal mine	metalmanuf	metalware	Nonemetal nime
通用、专用设备制造业	金属矿采选业	金属制品业	金属冶炼及压延加工业	非金属矿及其他矿采选业
nonemetalmanuf	Office machine	paper	transport	wear
非金属矿物制品业	仪器仪表及文化办公用机械制造业	造纸印刷及文教体育用品制造业	交通运输设备制造业	纺织服装鞋帽皮革羽绒及其制品业

从环境规制强度来看，我们构造的环境规制指标表明，煤炭开采和洗选业、金属矿采选业、金属冶炼及压延加工业的环境规制强度显示出持续上升态势，而电气、机械及器材制造业，仪器仪表及文化办公用机械制造业，纺织服装鞋帽皮革羽绒及其制品业等多个重污染行业则显示出先升后降的态势。

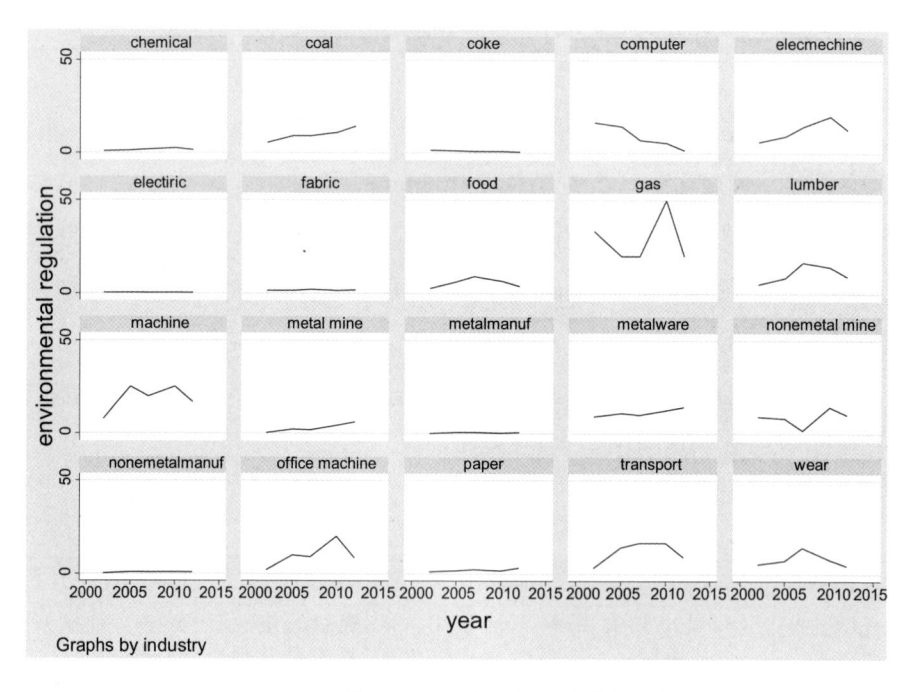

图4-2 工业各行业环境规制强度变化趋势

从分行业绿色生产率来看，多数行业存在缓慢或者阶段化提升趋势。电气、机械及器材制造业，金属制品业，交通运输设备制造业，木材加工及家具制造业几个行业则在2010年到2012年之间显示出绿色生产率有所下滑态势。

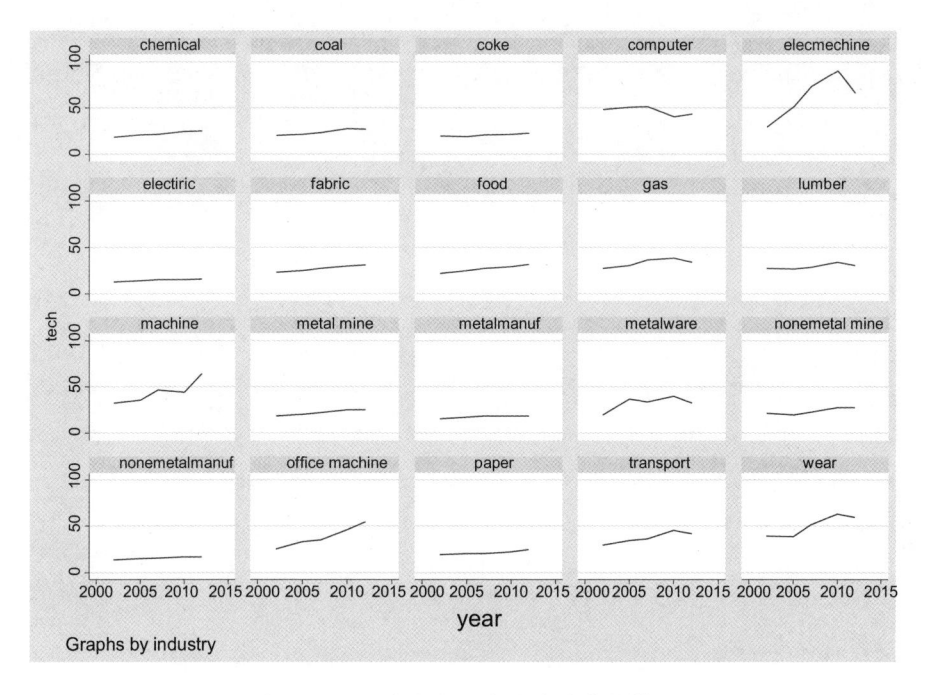

图4-3 工业各行业绿色生产率变化情况

从产业结构角度来看，通信设备、计算机及其他电子设备制造业，纺织业，纺织服装鞋帽皮革羽绒及其制品业，非金属矿物制品业，电力、热力的生产和供应业，石油和天然气开采业呈现出下滑的趋势，化学工业，食品制造及烟草加工业，造纸印刷及文教体育用品制造业则显示出U形增长。

从贸易流量指标来看，多数行业呈现出明显的攀升态势，煤炭开采和洗选业、纺织业、金属矿采选业、仪器仪表及文化办公用机械制造业则显示出较为明显的先升后降的态势。

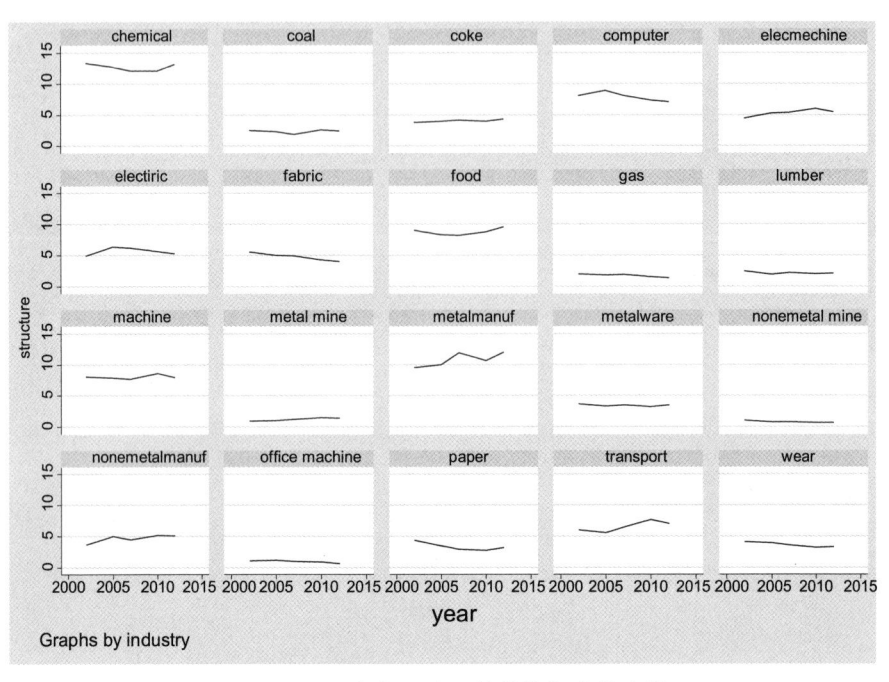

图4-4 工业各行业产业结构指标变化态势

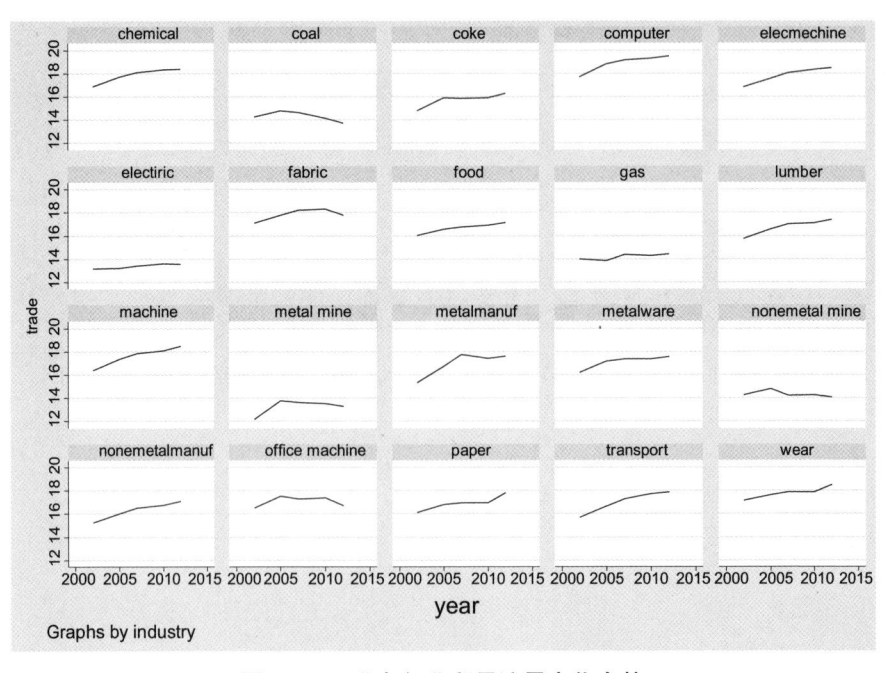

图4-5 工业各行业贸易流量变化态势

三、测算过程和结果分析

（一）模型选择

从数据结构来看，年份较少，变量相对较多，数据没有欠缺，属于平衡短面板数据。在使用面板数据进行计量分析时，根据符合扰动项的波动是否来源于个体效应可以选择固定效应方法或者随机效应方法。我们进行豪斯曼检验，发现针对三种类型的隐含污染物表示的贸易环境效应，得到的 p 值接近 0，因此我们判断应当使用固定效应模型。

（二）基准回归情况

首先对 20 个行业以固定效应模型进行基准回归，但是我们发现，以三种污染物标识的回归方程的 F 统计量的 p 值分别为 0.8273、0.7003 和 0.5305（具体结果如附录图 1、附录图 2 和附录图 3 所示），表明方程在总体上并不显著。从第一个方程的回归系数看，污染物排放规模还与环境规制强度呈正向关系，不符合基本逻辑。为什么会如此？我们通过对表 4-1 中各个行业未支付环境成本占比的观察发现，多数行业未支付环境成本的比例很低，23 个行业中有 17 个行业的未支付环境成本占比在 2002 年就是低于 1% 的，一种可能的情况是，在这些行业中，在环境规制已经很强的条件下，进一步提升环境规制的空间小，对污染物排放的限制作用也难以显现。因此，我们缩小选择行业的范围，挑选了金属矿采选业，化学工业，非金属矿物制品业，金属冶炼及压延加工业，电力、热力的生产和供应业五个行业。这些行业一方面在 2002 年未支付环境成本相对较高，并且从 2002 年到 2012 年的十年间，环境规制强度有明显的提高（见附表 1）。表 4-3 报告了基准回归的测算结果，模型1、模型3和模型5检验了环境规制对贸易环境效应的直接影响，结果表明环境规制对各种贸易环境效应都存在明显的负向效应，系数分别为–0.1614279、–0.0997258和–0.1889964，并且在10%及以上的水平上显著。但是，当我们逐步加入国际直接投资（fdi）、人均GDP（perGDP）和加工贸易出口额（procestrade）变量之后，我们发现，即使在这些挑选后的行业中，环境规制与以工业废水、烟粉尘标识的环境质量之间的回归系数也变得不显著，所以，从模型3到模型6可以认为是伪回归，表示我国的环境规制并没有对贸易引致的工业废水、烟粉尘有确定的抑制作用。但是，以二氧化硫标识的环境质量与环境规制强度变量仍然呈现显著的负相关关系，表明环境规制对以二氧化硫标识的环境效应存在稳健的影响力。

表4–4　　　　　　　　　　部分行业基准回归结果

	以二氧化硫标识的环境质量		以工业废水标识的环境质量		以烟粉尘标识的环境质量	
	模型1	模型2	模型3	模型4	模型5	模型6
regulation	–.1614279*	–.1939282*	–.0997258*	–.0532651	–.1889964**	–.066513
	(.066949)	(.0869534)	(.066949)	(.0853503)	(.0333169)	(.0709126)
fdi		.1433482		–.2993465		.0088445
		(1.63981)		(.9939633)		(1.393318)
perGDP		–1.820193*		–1.303184*		–2.02544
		(.8897644)		(.5716177)		(.7366723)
procestrade		1.798118*		1.145268		1.528767
		(.7302829)		(.6005394)		(.6445805)
C	11.63631	12.89968	18.16817	24.50877	11.19878	18.04301
	(.0817487)	(13.64709)	(.0503389)	(8.155383)	(.0333169)	(11.62507)

注：t statistics in parentheses * $p<0.1$, ** $p<0.01$。

在控制变量方面，从模型2的反馈结果来看，吸收国际直接投资（fdi）对贸易引致的二氧化硫排放有正向作用，但是该系数不具有显著性。作者认为，虽然在理论上吸收发达国家企业到国内投资，在相同行业内，外资企业的绿色生产率会高于国内企业，但是在我国长期的以GDP为主要考核目标的机制下，政府为了经济体量的快速增长以主动宽松环境约束来吸引外资企业，很可能会导致外资企业降低环保投资，最后导致企业污染更加严重的情况。人均GDP和贸易引致的二氧化硫排放之间呈现出稳健的负向关系，并且在1%的范围内显著，这反映出从总体上看我国已经进入更加注重环境质量的发展阶段了。加工贸易变量和贸易引致的二氧化硫排放呈正向关系，并且显著性良好，说明我国加工贸易的确依然是二氧化硫排放的重要来源。

（三）环境规制影响贸易环境效应的中介效应检验

根据前面的理论分析，我们分别考察环境规制通过产业结构、贸易流量和绿色生产率三个方面对贸易引致的污染物排放的中介效应。我们首先测算产业结构产生中介效应的影响。但是模型结果显示，各项系数均不显著，同时模型整体 F 统计量的 p 值为 0.3706，也不具有显著性（参见附图4）。因此，环境规制强度提升导致该产业产值在工业总产值中的比重变化不能得到数据的支撑，不能证明产业结构中介效应的存在。

之后，我们也测算了贸易流量是否有中介效应影响。根据模型运行结果，虽然环境规制对于贸易流量有负面效应，系数为 –0.0805053，但是 t 值只有 –1.06，并不显著。其他变量中，只有加工贸易变量的系数在10%的水平上显著，其他系数均不显著（参见附图5）。因此我们判断，环境规制对贸易流量产生的负面效应不显著，分析也不能表明环境规制通过压缩贸易流量减少了出口贸易引致的污染物排放。这一结论和部分研究者的研究相吻合。代丽华（2015）、傅京燕（2012）的研究都认为环境规制并不能够对贸易流量造成明显的影响，经济发展和贸易开放对贸易流量的影响作用才是绝对的主流。

进一步地，我们测算了绿色技术进步产生中介效应的情况。表4-4 汇报了回归结果。模型 7 显示，环境规制强度和绿色技术进步存在显著的正向效应，系数达到 5.478994，并且显著性良好。其现实意义在于环境规制强度的提升可以有效促进产业生产的绿色化，技术进步效应明显。同时观测模型 8 的运行结果中，regulation 变量的系数为 –0.2378302，但绝对值大于基准回归（–0.1939282），并且具有良好的显著性，也不能证明中介效应的存在。

表 4-5　　　　　　　　　　　绿色生产率中介效应

	绿色生产率效应	
	tech	pollution1
	模型 7	模型 8
regulation	5.478994*	–0.2378302**
	1.076426	.0711709
W		–.0080128*
		.018836
fdi	–0.437708	0.1468554
	4.057907	1.700478
perGDP	20.91572	–1.987786*
	7.888811	0.7622194
procestrade	–11.25217**	1.888279**
	3.496445	0.632182
C	–99.74865	13.69895
	56.61078	15.50029

注：t statistics in parentheses ＊$p<0.1$, ＊＊$p<0.05$。

通过上述三种变量的测算结果，我们可以判定，传统研究理论分析表明，产业结构、贸易流量和绿色生产率三个方面对贸易引致的污染物排放的中介效应并不明显存在，回归结果可以判定的是，如果以二氧化硫排放量来标识环境质量，绿色技术进步是环境规制和环质量的调节变量，绿色技术进步强化了环境规制促进环境质量改善的效果。

第五节　本章小结

本章首先介绍了我国环境管理部门的机构变迁情况和作为控制目标的污染物变化情况以及控制制度方式变化，为选择衡量出口贸易环境绩效的污染物提供依据。其次从理论上分析了环境规制对出口贸易环境绩效的影响机制，提出环境规制可能通过贸易流量、产业结构和绿色生产率三种中介变量对出口贸易引致的隐含污染物排放量造成影响。

在实证分析部分，本章首先以未支付环境成本为衡量指标，测算了各个年份的环境规制强度，其次采用固定效应对面板数据进行了回归分析，验证传统分析中产业结构、贸易流量和绿色生产率是否存在中介效应。从回归结果来看，我国的环境规制强度提升仅对以二氧化硫排放为标识的出口贸易环境绩效改善具有积极的促进作用，但对于污水和粉尘标识的环境质量影响不明显。同时，回归结果并不能证明环境规制可以通过优化产业结构和促进绿色生产率提升两种中介变量降低出口贸易引致的污染物排放量。但绿色生产率的提升有助于环境规制降低贸易引致的二氧化硫排放。因此，本章的分析判断提升环境规制对降低我国出口引致的隐含污染物排放量的效果比较有限。

第五章

提升环境规制对我国经济的影响分析
——基于《中国经济学人》调查问卷系统

近年来,一直有舆论认为过严的环境规制会对我国经济增长带来严重的约束,造成企业经营困难,经济增速下滑。这一声音在2017年冬季的"环保风暴"中尤其突出。在本章,我们采用对分布在我国不同区域的133名经济学者群体进行问卷调查的方式,判断我国2010年一直以来的环境规制对我国经济造成的影响。

早在2010年二季度,中国社科院《中国经济学人》编辑部与环球资源公司面向众多的企业和经济学者进行了一轮问卷调查,针对我国环境规制对我国经济发展的约束情况进行了研判。2016年11月底,中国社会科学院工业经济研究所《中国经济学人》杂志再次面向经济学人群体对环境规制约束经济和对外贸易增长情况进行问卷调查,本章就是基于这次调研部分数据的分析。

第一节 调查样本量及分布

本次调查依托《中国经济学人》调查系统,从2016年11月28日开始,进行了两周的问卷发放。共收到有效问卷133份。其中以高校经济研究者为主要受访群体,累计占比达69.17%;来自企业的受访人员占10.53%;来自社科院系统的受访人员占6.77%,与来自金融机构的受访人员数量相同;来自政府机关及下属机构的受访人员占3.01%;另有2.30%的受访人员来自党校系统、咨询公司。(见图5–1)

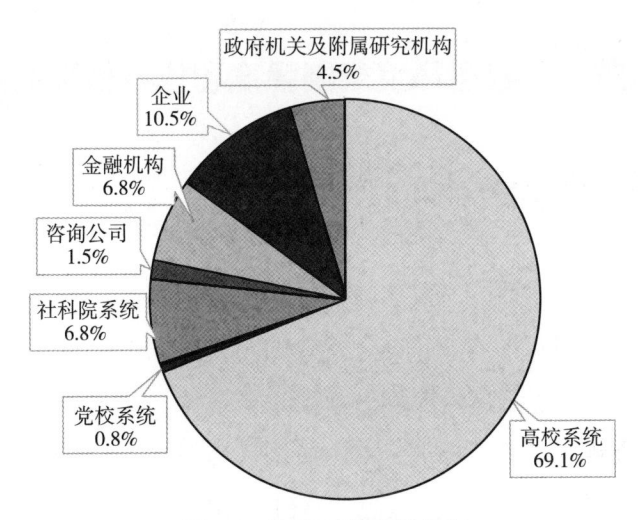

图5-1 调查对象来源分布

（饼图数据：高校系统 69.1%；党校系统 0.8%；社科院系统 6.8%；咨询公司 1.5%；金融机构 6.8%；企业 10.5%；政府机关及附属研究机构 4.5%）

从分布的区域来看，本次参与调查的对象，来自东部地区人数占比为66%，来自中部地区的占21%，来自西部地区的占11%，还有2%来自港澳台及海外。与2010年二季度相比，来自东部地区的经济学人虽然还是占大多数，但是比重有所降低，中西部地区参与调查的人群比重增加，并有一部分海外学者，与2010年的调查相比，区域结构有所优化。

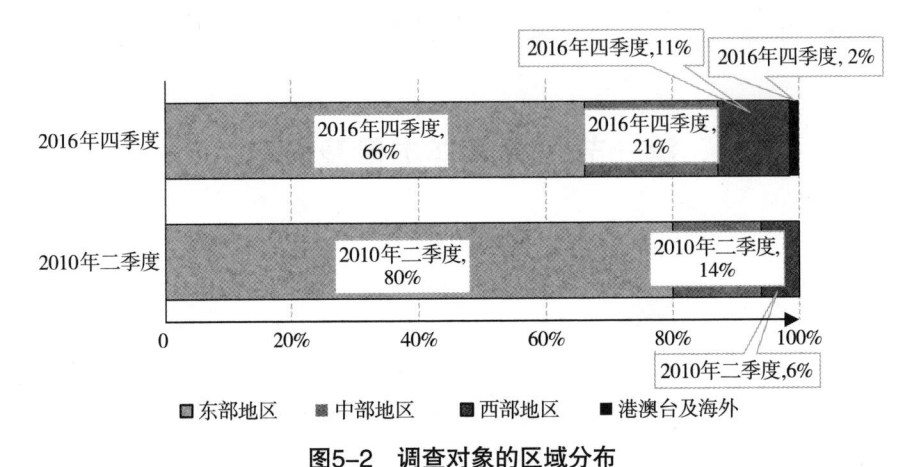

图5-2 调查对象的区域分布

（条形图数据：
2016年四季度：东部地区66%，中部地区21%，西部地区11%，港澳台及海外2%；
2010年二季度：东部地区80%，中部地区14%，西部地区6%）
图例：东部地区　中部地区　西部地区　港澳台及海外

第二节　对我国环境规制强度和执行情况的判断

一　我国环境规制强度的变化趋势

在以往的学术研究文献中，对于环境规制强度，由于测算方法和指标选取的不同，不同的研究者得到的结论也大不相同。一些学者采用废气、废水等污染物治理费用占 GDP 的比重，废水排放达标率等指标作为环境规制的衡量标准，得出中国环境规制不断下降的结论。而上一章采用环境已支付成本占工业环境总成本的比重作为衡量指标，得出我国环境规制强度不断上升的结论。在本次网络调查中，我们通过经济学人的直观感受来判断中国环境规制的强度变化。调查显示，有 86% 的被调查者认为，自 2010 年以来我国环境规制强度呈现出逐渐加强的态势；有 7% 的经济学人认为近几年我国环境规制的强度基本保持不变；仅有 3% 的被调查者认为我国环境规制的强度在逐渐减弱。（见图 5-3）

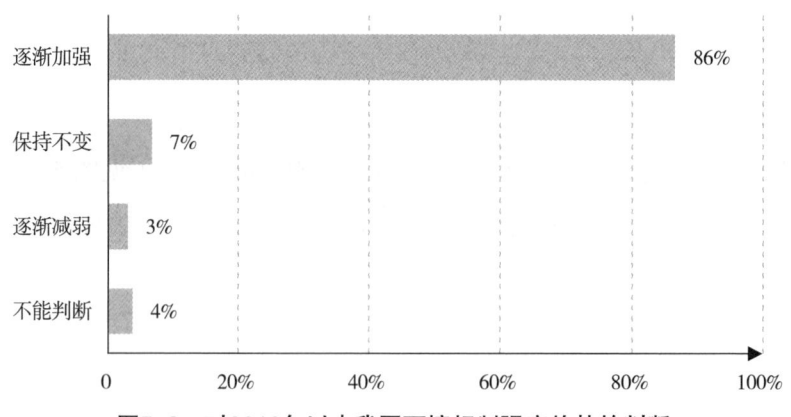

图5-3　对2010年以来我国环境规制强度趋势的判断

对我国当前的环境规制强度是否合适的问题，有 83% 的经济学人还是认为我国现在环境规制的强度太弱，还需要继续强化；有 11% 的

被调查者认为我国当前的环境规制强度过强,未来需要弱化;认为当前环境规制强度恰到好处的经济学人仅占6%。(见图5-4)

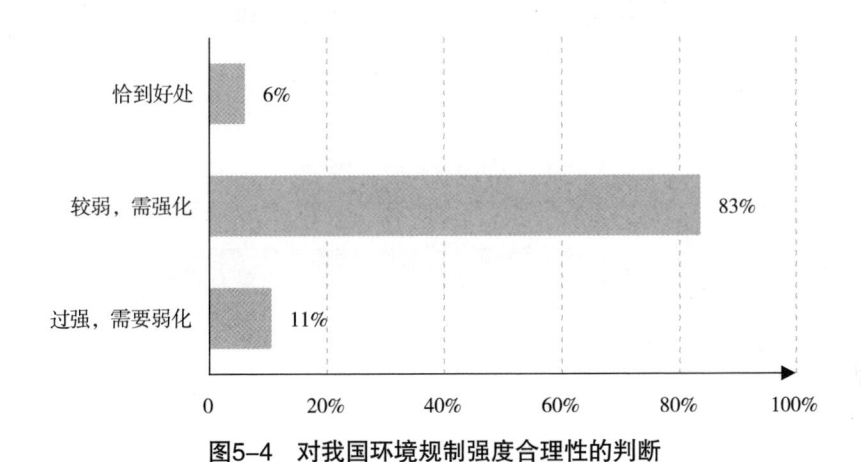

图5-4 对我国环境规制强度合理性的判断

- 恰到好处 6%
- 较弱,需强化 83%
- 过强,需要弱化 11%

二 我国环境改善慢的因素分析

对于我国目前存在的环境规制日益趋严,而环境改善效果不容乐观的现象。在本次调研中,有32%的经济学人判断这主要是由于法律法规难以执行造成的;有26%的被调查者认为,我国目前所处发展阶段是造成这种现象的主要原因;有19%的经济学人判断这是由于我国资源价格偏低,导致了企业缺乏环保节约的意识;仅8%的被调查者认为当前相关法律体系不健全是导致这一现象的原因。(见图5-5)

在2010年第二季度的调查中,我们也对相关法律法规健全、执法严格程度、环保意识等因素对环境改善效果的影响进行了评价。通过加权处理,我们将两次评价结果进行了对比。发现从2010年到2016年,资源价格低导致企业缺乏节约动力因素对环境绩效的影响有所下降,反映出资源价格正在逐步向合理的方向调整。相关法律法规不健全的因素在2016年四季度的影响得分比2010年第二季度下降了一半,表明环境法律法规在这五年间有明显的健全。但是,法律法规难以执行因素的得分在五年内有大幅上升，表明法律法规的执行力度弱对环境改善慢的影响更加突出，并且成为调查中的最主要原因。社会环保意识对环境改善的影响在两次调查期间变化不大，显示出大众意识还不能转化为改善环境的行动力。（见图5-6）

原因	比例
资源价格低，缺乏节约动力	19%
法律和法规难以执行	32%
相关法律法规不健全	8%
社会普遍缺乏环保意识	15%
中国所处发展阶段使然	26%

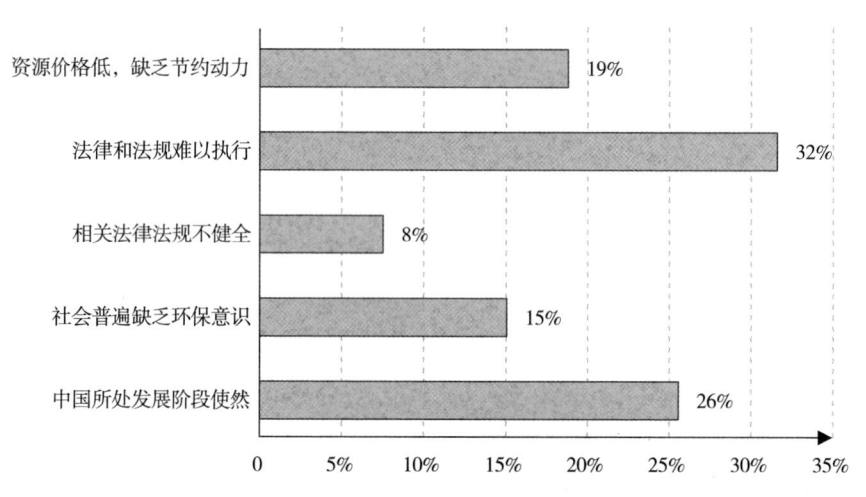

图5-5 对环境改善效果不佳的原因判断

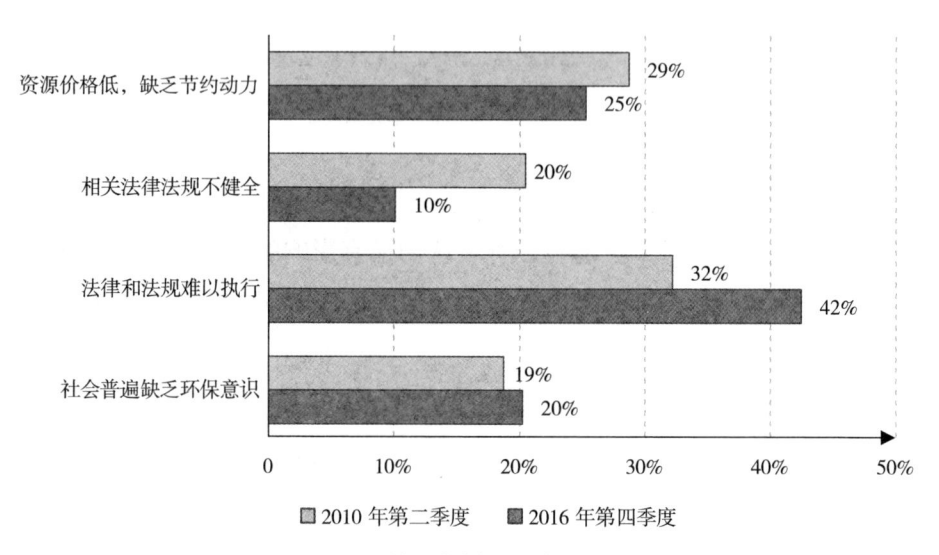

原因	2010年第二季度	2016年第四季度
资源价格低，缺乏节约动力	29%	25%
相关法律法规不健全	20%	10%
法律和法规难以执行	32%	42%
社会普遍缺乏环保意识	19%	20%

图5-6 环境改善缓慢因素对比分析

三 环保政策落实难的因素分析

对环保政策执行不到位的原因，有25%的经济学人判断是由于整体环境监测能力不足造成的；23%的被调查者认为其根本原因在于相关政绩考核指标设置不够合理；13%的经济学人认为整体环保意识不强；剩余40%的被调查者认为是由于企业自身问题所造成的，其中17%判断企业污染物治理设施不足，13%认为环保技术普遍落后，9%认为企业出于节约成本的顾虑。（见图5-7）

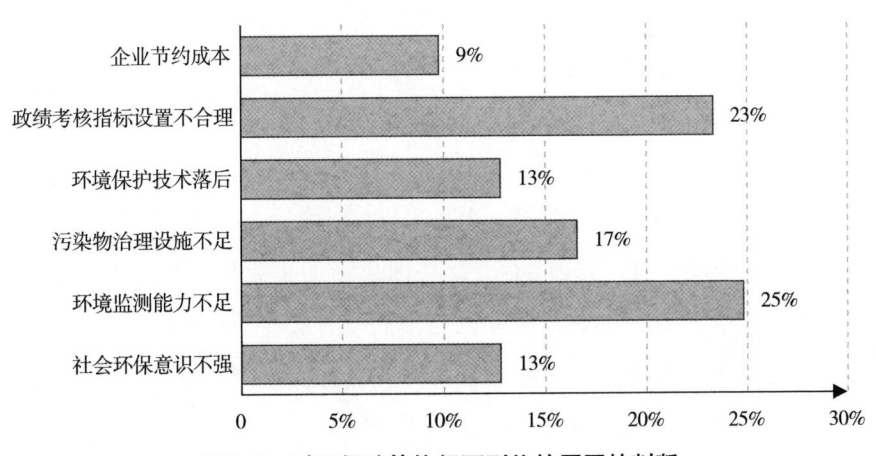

图5-7 对环保政策执行不到位的原因的判断

分区域看，东部地区的被调查者认为最有影响的前三个因素分别是政绩考核指标设置不合理、环境监测能力不足和污染物治理设施不足。西部地区的被调查者则认为社会环保意识不强的因素比污染物治理设施不足影响更大。来自中部地区的被调查者则认为环境监测能力不足是最重要的因素，其次是政绩考核指标设置不合理，企业节约成本不愿意投资和环境保护技术落后位居第三。（见图5-8）

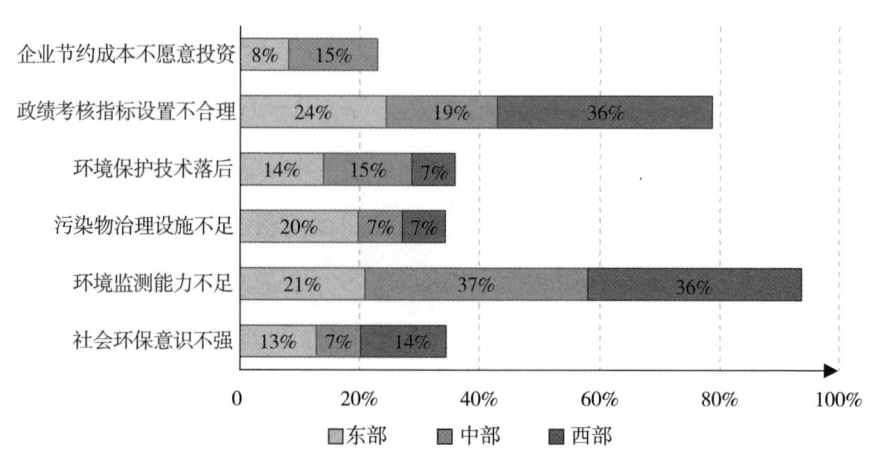

图5-8 不同区域的经济学人对环保政策执行不到位的原因判断

四 企业环保投资少的原因分析

工业企业是污染物的重要源头，也是投资治理的主体。针对企业环境投资偏少的情况，近半数（49%）的经济学人认为，企业对环保投资偏少的原因是担心与其他不进行环保投资的企业相比处于竞争劣势；22%的经济学人判断企业很可能认为他们没有必要投资环保；17%的经济学人认为企业可能是由于缺乏资金导致其环保投资不足；少数被调查者（9%）认为企业或许因缺乏技术支持而较少地投资环保。（见图5-9）

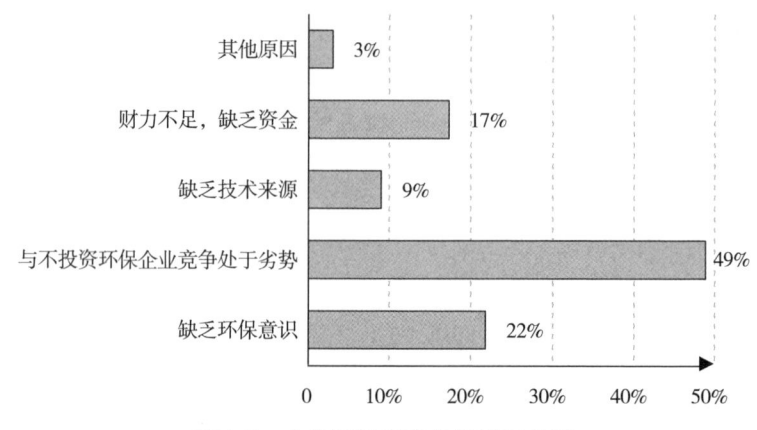

图5-9 企业环保投资少的原因分析

第五章
提升环境规制对我国经济的影响分析——基于《中国经济学人》调查问卷系统

分区域来看，不论东部还是中西部地区的被调查者都认为"与不进行环保投资的企业竞争处于劣势"是妨碍企业进行环保投资的最重要的因素，东部和中部地区的被调查者对此选项的支持率都超过了50%，西部地区的被调查者也有最大的比例选择了这一项。除此之外，来自不同区域的被调查者对企业缺乏足够的资金和缺乏环保意识的重要性基本保持了一致的看法。（见图5-10）

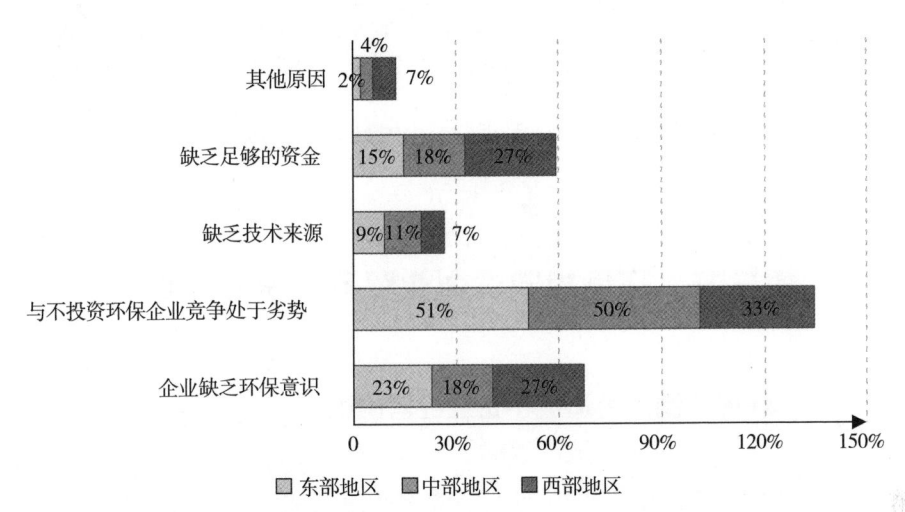

原因	东部地区	中部地区	西部地区
其他原因	2%	4%	7%
缺乏足够的资金	15%	18%	27%
缺乏技术来源	9%	11%	7%
与不投资环保企业竞争处于劣势	51%	50%	33%
企业缺乏环保意识	23%	18%	27%

图5-10 不同区域的经济学人对企业环保投资少的原因的判断

与2010年的调查相比较，害怕与不投资环保企业竞争处于劣势依然是最重要的因素，并且呈强化的趋势。2010年第二季度，有39%的经济学人认为这是企业环保投资少的原因，到2016年第四季度，这一比重又上升了10个百分点。排名第二的因素由缺乏技术来源转变为缺乏环保意识。财力不足缺乏资金依旧是排在第三的因素，严重程度稍有缓解。（见图5-11）

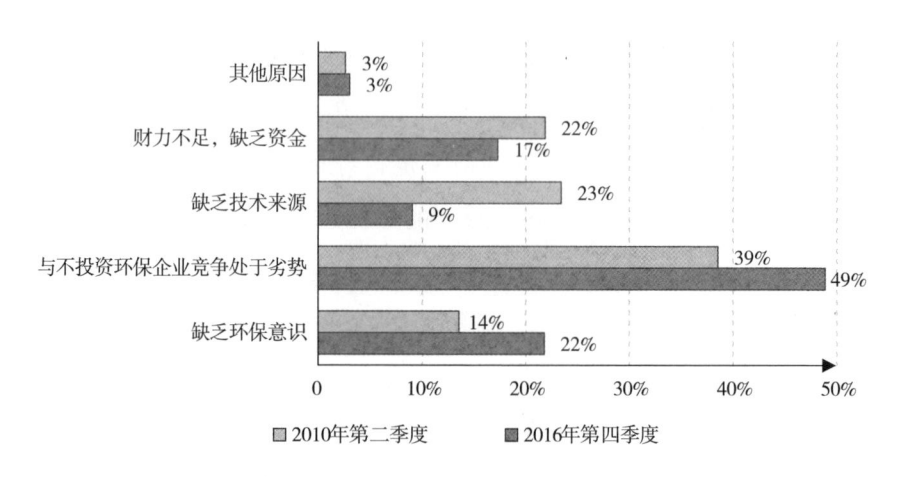

因素	2010年第二季度	2016年第四季度
其他原因	3%	3%
财力不足，缺乏资金	22%	17%
缺乏技术来源	23%	9%
与不投资环保企业竞争处于劣势	39%	49%
缺乏环保意识	14%	22%

图5-11 企业环保投资少的因素对比分析

第三节 环境规制对企业贸易和投资的影响

一 环境规制是否造成了企业经营困难

当前我国经济进入新常态，经济增速由习惯性高速向中高速稳态转换，同时要改善生态环境，提高经济发展质量和效益。在转换阶段，很多企业反映经营难度加大。

对于还处于工业化阶段的中国，生态环境的改善很难自发实现，还依赖于环境管制标准的提升和政策执行的严格化。这一过程导致在短期经济体对环境资源的消耗减少的同时减少产出，对经济增长和发展带来负面影响，因此，产业界一部分人士将经济增长减速归咎于环境治理行动。但也有观点认为，污染治理、环保执法的严格化沦为一些地方经济下行、转型受阻的"替罪羊"。但本次的调查中，有31%的经济学人认为我国经济增长方式的转变增加了近年来企业经营的难度；仅有14%的被调查者认为当前的环境规制过强阻碍了企业经营，与2010年第二季度的调查（16%）相比有所下降；部分被调查者认为税负过重（16%）和外部需求萎缩（12%）增加了企业经营的难度；有16%的经济学人认为劳动力成本提高过快会加大企业经营难度，这一比例比2010年第二季度的调查（30%）下降了14个百分点；另外有9%的经济学人认为汇率波动风险妨碍了企业的经营，比2010年第二季度（24%）下降了15个百分点。（见图5-12）两相比较，在过去的六年间，劳动力成本过高、汇率波动的风险因素已经得到了较好的化解，而环境规制对企业经营造成的阻碍的观念，一直没有得到太多的认可。

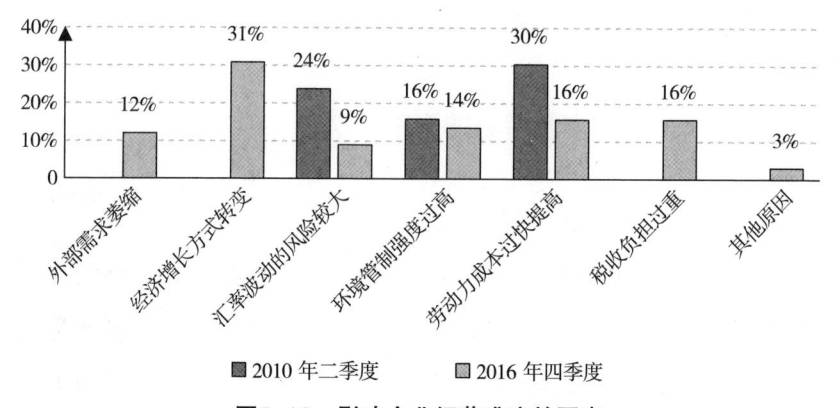

图5-12 影响企业经营难度的因素

分区域来看，本次调查中，不论东部还是中西部的被调查者对企业经营困难原因问题选择的首要因素就是经济增长方式转变。东部地区的被调查者对该因素的选择率为30%，远高于其他因素。而中部地区的被调查者则认为外部需求萎缩和税收负担过重对企业影响也很大。西部地区的被调查者则认为劳动力成本过快提高和税收负担重是影响企业经营的重要原因。对环境管制强度过高这一因素，东部有16%的经济学人认同这一观点，远高于中西部。（见图5-13）

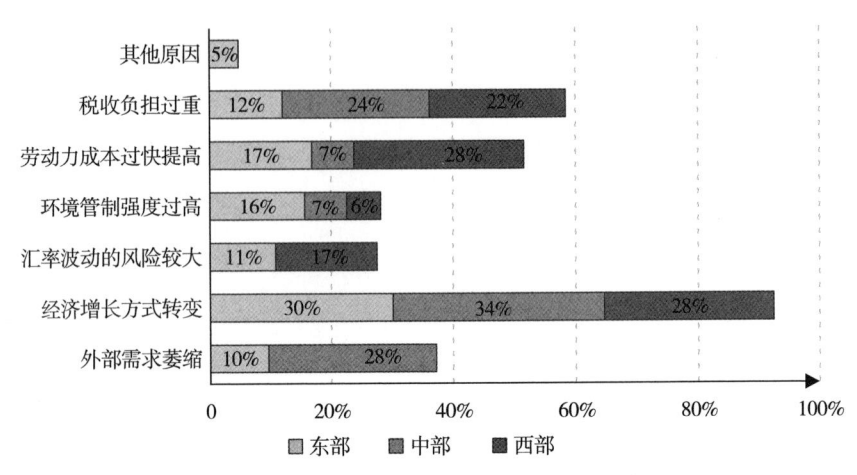

影响因素	东部	中部	西部
其他原因	5%		
税收负担过重	12%	24%	22%
劳动力成本过快提高	17%	7%	28%
环境管制强度过高	16%	7%	6%
汇率波动的风险较大	11%	17%	
经济增长方式转变	30%	34%	28%
外部需求萎缩	10%	28%	

图5-13　企业经营影响因素的区域分析

二　环境规制对企业贸易的影响

实际上，环境规制对企业的影响，学术界也有截然不同的观点。Walter & Ugelow（1969）在研究环境和贸易问题的过程中，提出了"污染避难所"假说，认为一个地区环境规制会提升制造业企业的运营成本，而企业为保证利润最大化，将会向环境规制较为宽松的国家或地区转移。Jaffe et al. 针对美国多个行业的实证分析指出环境规制的提升促使企业治污投资的增加，主要投入要素的价格提升，促使企业的竞争力下滑，影响了美国的经济发展。而Porter、Linder提出了相反观点，他认为严格而恰当的环境规制能够促进企业技术创新，并且效率的提升能够抵消遵循环境规制的成本进而带来产业竞争力的提升。

在本次调查中，经济学人对环境规制如何影响企业经营的判断分化也十分明显。36.8%的被调查者认为，环境规制推动企业进行技术创新，未来将增强企业的国际市场竞争力；也有相同比例的经济学人认为，环境规制大幅度提高了企业的生产成本，反而降低了企业的国际竞争力。其余的被调查者认为环境规制导致行业门槛提高迫使企业搬迁，其中12.8%的人判断企业会因此搬迁到国外，剩余13.5%的人

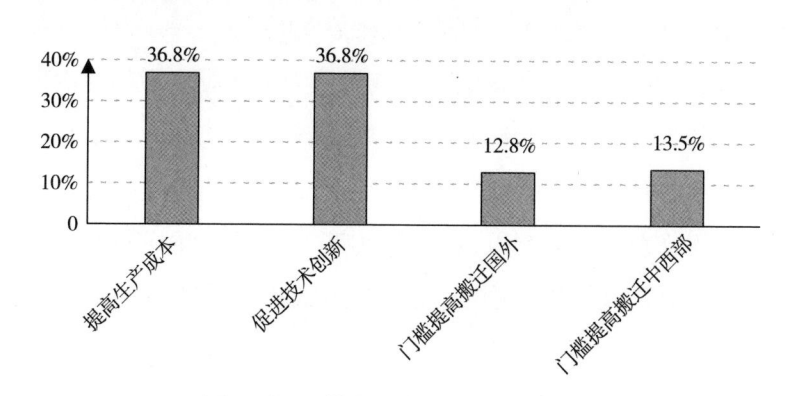

认为企业会搬迁到中西部地区。（见图 5-14）

图5-14 环境规制对企业经营的影响

提高生产成本 36.8%
促进技术创新 36.8%
门槛提高搬迁国外 12.8%
门槛提高搬迁中西部 13.5%

一般而言，在不同的经济发展阶段或者因为产业技术发达程度不同，环境规制对经济的影响效应可能存在区别，因此我们对选票进行了区域性分析，发现中部地区的被调查者认为环境规制促进技术创新并提高企业竞争力的比例最高，达到54%。东部地区有43%的经济学人认为环境规制提高生产成本造成竞争力下降，而西部有54%的经济学人认为环境规制提升会导致企业直接搬迁到国外。从这一情况来看，当前中部地区通过技术创新改善环境绩效并维持经济增长的潜力最大，而西部地区企业面临环境规制的压力最大，并且在当前的条件下难以转化成促进经济转型升级的动力。（见图 5-15）

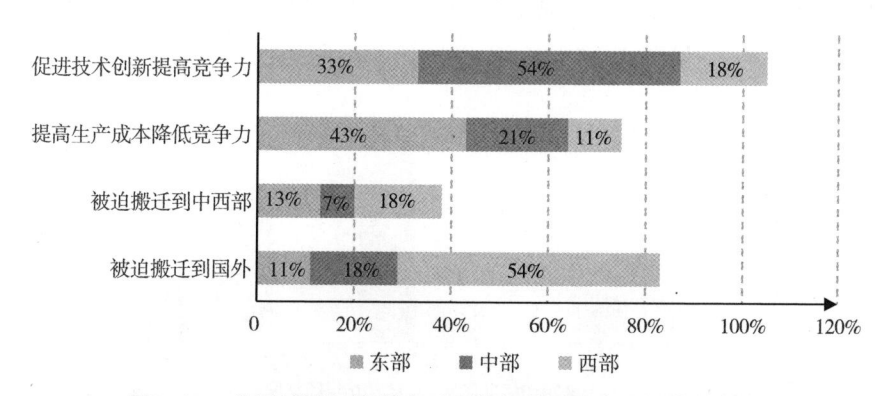

图5-15 分区域看经济学人对环境规制影响企业经营的判断

	东部	中部	西部
促进技术创新提高竞争力	33%	54%	18%
提高生产成本降低竞争力	43%	21%	11%
被迫搬迁到中西部	13%	7%	18%
被迫搬迁到国外	11%	18%	54%

此次调查发现，空气污染物的治理迫切程度得票显著高于其他污染物，67%的经济学人认为包括PM2.5、SO_2、NO_2等在内的空气污染物治理十分重要，另有16%的被调查者认为工业废水污染的治理比较重要，而在2010年的调查中，大多数经济学人曾经认为工业废水比气体污染物更需要得到治理。认为温室气体和工业粉尘的排污治理较重要的比例分别只有6%和5%；认为工业固体废弃物和生活污水的治理重要的经济学人占比更少，分别只占到4%和2%。（见图5-16）

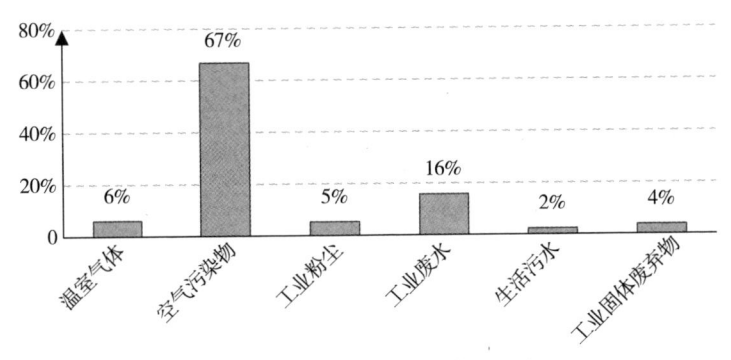

图5-16 污染物待治理迫切程度

从两次调查的对比来看，在2010年二季度，有54%的经济学人认为对温室气体的治理最为紧迫，其次重要的是废水；而在2016年四季度有75%的被调查者转而认为废气的治理是最为紧迫的。从现实的情况来看，一个最有可能促成这一态度转变的就是近年来愈演愈烈的雾霾现象。（见图5-17）

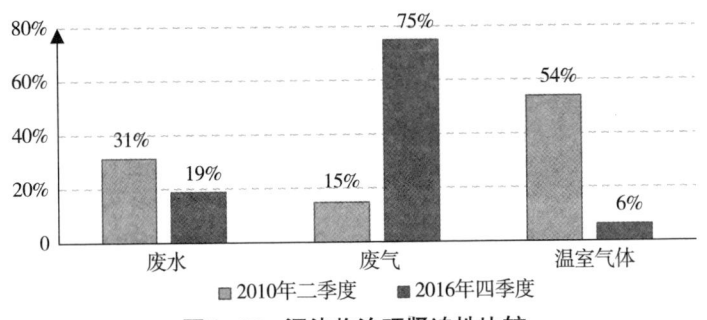

图5-17 污染物治理紧迫性比较

第四节　环境污染、治理任务和规制强度的区域分析

一　多数区域经济增速与环境污染正相关，部分地区拐点凸显

Grossman 在 1991 年提出了环境库兹涅茨曲线的概念，认为在经济发展初期，环境污染将随经济发展水平的提升而提升，而当经济发展水平达到一定程度时，环境污染程度将开始下滑，此时随着经济发展水平的进一步提升，环境污染将得以控制并趋于好转。Massimiliano Mazzanti、Antonio Musolesi 在其研究中对样本国家的研究认为环境库兹涅茨曲线的形状受到其所选研究样本的影响，其中工业化程度很高的国家存在倒"U"形曲线关系，并且有可能发展为"N"形曲线，不发达国家则存在正的线性关系。而国内学者对于我国是否存在环境库兹涅茨曲线的研究也不统一。采用不同的污染物或者环境监测指标的实证研究结果存在差异，不同经济发展程度的区域是否同样存在环境库兹涅茨曲线也存在争论。许广月等认为我国东部和中部地区存在库兹涅茨曲线，而西部地区不存在此曲线。宋马林、王舒鸿的研究指出北京、上海、贵州、西藏、吉林在 2011 年已经越过环境库兹涅茨曲线的拐点，并预计我国其他大部分省份将在 2016 年前达到拐点。

本次调查中我们也收集了经济学人对当地经济增速与环境污染关系的判断。有 48% 的被调查者认为其所在地区的经济增速与环境污染程度呈正相关关系；有 20% 的经济学人判断两者呈反向相关关系。还有 32% 的被调查者认为两者的相关关系并不明显。（见图 5-18）

分区域来看，认为当地经济增速与环境污染呈正相关关系的，西部地区的被调查者比例最高，达到 64%；认为两者呈反向关系的东部最高，占到 25%；而中部地区的被调查者中认为两者关系不明显的最多，占到 45%。（见图 5-19）

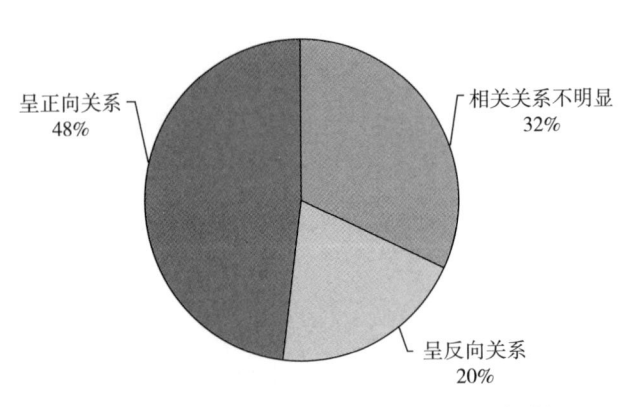

呈正向关系 48%
相关关系不明显 32%
呈反向关系 20%

图5-18 对经济发展与环境污染相关性的判断

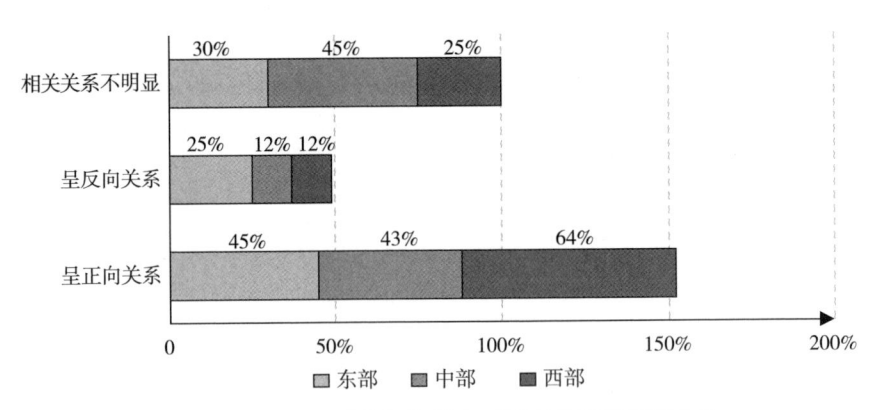

相关关系不明显: 30% 45% 25%
呈反向关系: 25% 12% 12%
呈正向关系: 45% 43% 64%

东部 中部 西部

图5-19 不同区域的经济学人对两者关系的判断占比

我们发现，选择经济增速与环境污染成反比的选票主要来自北京、山东、上海和辽宁这四个地区。综合这些地方的 GDP 情况，我们判断这四个地区存在较为明显的环境库兹涅茨曲线，并且已经越过了污染拐点，而其他地区环境库兹涅茨曲线存在的迹象尚不明显。

二 污染减排总量分配基本合理，环境治理仍有提升空间

我国在污染减排的任务总量分配方面，以基数法为基础，主管部门听取地方意见后拍板决定。有舆论认为减排总量在执行过程中，存在主观引导力大、注重地区经济表现等问题，很多地方对分配方案

不满，认为减排任务与当地的环境容量并不匹配，不利于地方经济发展。

本次调查中，对于地区环境容量与污染减排任务之间匹配情况的问题，有72%的被调查者认为其所在地区的环境容量紧张，其中37%认为当地的污染减排任务安排不足，以损害环境换取经济增长的发展模式没能得到改进，35%认为当地经济增长已经受到了制约，但目前污染减排任务安排较为合理；认为地区环境容量充裕的经济学人占总人数的28%，其中13%判断当地减排任务合理，经济可持续增长，10%认为当地减排任务较重，但并不会阻碍经济的增长，认为减排任务较重，且阻碍经济增长的经济学人有5%，他们主要来自于上海、辽宁、吉林和甘肃。由此可见，仅有15%的经济学人认为当地的减排任务过重，而大多数地区的环境治理依然有提升的空间。（见图5-20）

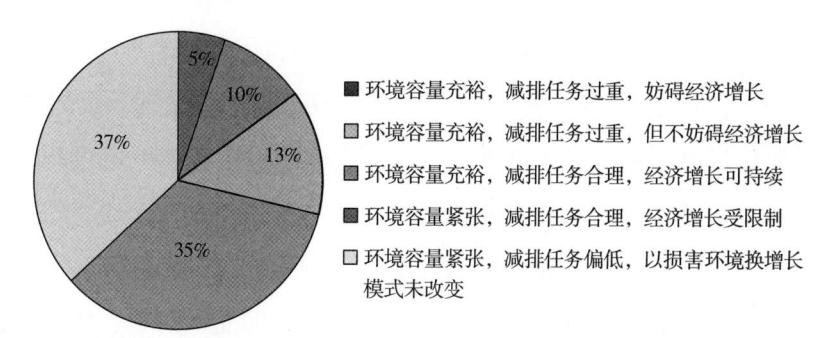

图5-20 经济学人对地区环境容量与减排任务分配合理性的判断

分区域来看，东部地区的被调查者有40%认为本地环境容量紧张，减排任务偏低，还有37%的被调查者认为环境容量紧张，但是减排任务合理。中部地区有54%的被调查者认为减排任务合理，有39%的被调查者认为减排任务过轻。西部地区的被调查者中，认为当地环境容量紧张，减排任务合理的比例最高，达到36%，而认为环境容量紧张，减排任务偏低的也有21%，较东部和中部有所缩减。（见图5-21）

环境容量充裕,减排任务过重,妨碍经济增长	4%	4%	7%
环境容量充裕,减排任务过重,不妨碍经济增长	10%	4%	21%
环境容量充裕,减排任务合理,经济增长可持续	9%	29%	14%
环境容量紧张,减排任务合理,经济增长受限制	37%	25%	36%
环境容量紧张,减排任务偏低,损害环境换增长模式未变	40%	39%	21%

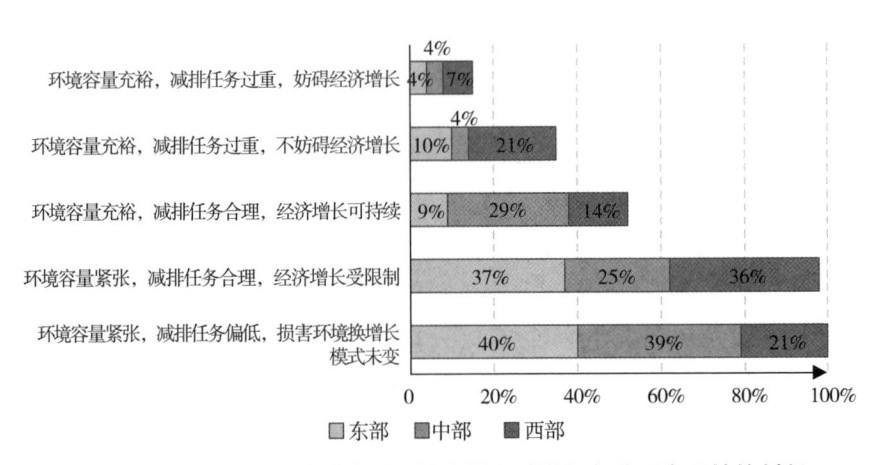

■ 东部　■ 中部　■ 西部

图5-21　分区域看经济学人对环境容量和减排任务分配合理性的判断

三　环境规制执行强度的区域性差异

对于环境规制强度的判断,我们认为取决于两个方面的因素,一方面是环境标准的高低程度,另一方面是标准的执行程度,如果标准定得很高,但是执行不严格,再高的环境标准也是一纸空文。因此,标准的执行强度也应是环境规制强度的重要组成。我们也通过问卷对各地环境标准和执行的严格程度进行了调查。近半数(44%)的经济学人认为,其所在地区环境规制强度与国家标准基本一致,但实际执行不够严格,这些调查参与者主要来自天津、河北、山东、江苏、河南、山西、湖北和湖南八个省份。有14%的被调查者认为其所在地区的环境规制强度不仅高于国家统一标准,而且能够严格执行,这些选票主要来自北京、上海、云南三个省份。另有25%的经济学人认为,其所在地区环境规制的强度与国家标准保持一致,且能够严格执行。(见图5-22)

17% 14%

■ 高于国家标准，严格执行（14%）
■ 与国家标准一致，严格执行（25%）
■ 与国家标准一致，执行不严格（44%）
■ 不太清楚（17%）

25%

44%

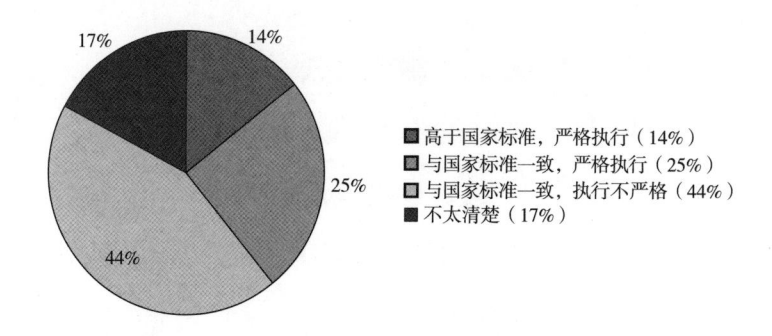

图5-22 经济学人对地方环境规制执行情况的判断

四 环境规制工具的选择偏好

对各类环境规制工具的选择方面，本次调查中，有26%的经济学人认为应启动建立污染排放许可证交易体系，其中9%的被调查者赞成企业免费获得初始污染排放许可，还有17%的人建议企业竞价获得初始污染排放许可。与五年前的调查相比，依然是多数的经济学人支持企业通过竞价获得初始污染排放许可，但支持企业免费获得初始排放权的人比例也有所提高。有17%的经济学人在本次调查中选择理顺资源价格，比2010年的调查下降了8个百分点，折射出近年来我国资源价格调整有了一定的成效。

本次调查中，有21%的经济学人认为政府应设定污染排放限额，对企业超过限额的部分收取罚款，比2010年的调查提高了7个百分点，折射出这一政策在实行过程中对环境的改善起到了比较明显的效果。

17%的经济学人认为政府应该征收环境税，也有相同比例的结果认为政策应倾向于加大环保技术研发的公共投入，这两个政策的支持率与2010年的调查基本持平。总体上看，支持市场型管制政策和命令型管制政策的被调查者比重大体相当，但在企业获得初始污染排放许可的方式上，较多的被调查者支持市场化的方式，并且这一倾向近年来没有变化。（见图5-23）

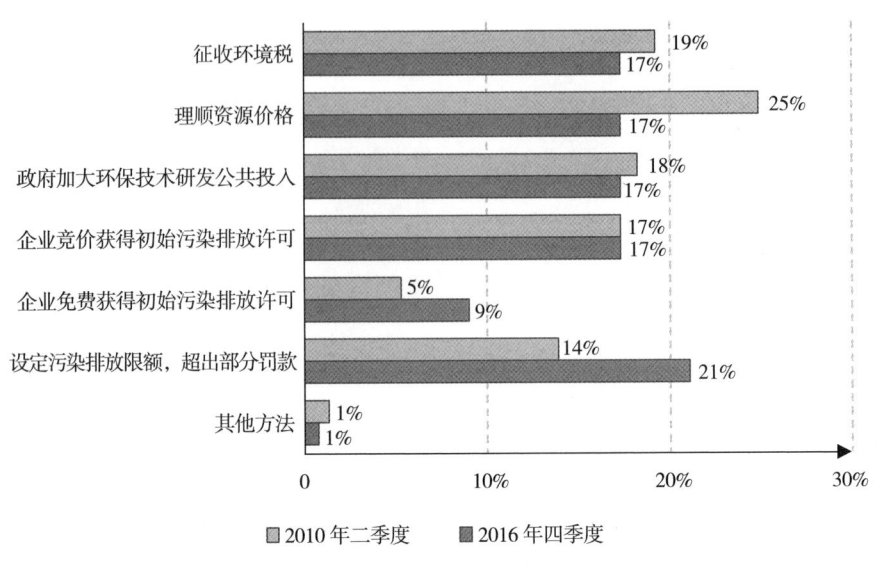

图5-23 对各类环境规制的认可度

分区域来看（见图 5-24），东部地区的被调查者对多数政策的支持比率差别不大，但对政府加大环保技术研发的公共投入的支持率偏低，仅有 13%。对于企业如何获得初始排放许可，东部地区的被调查者中仅有 9% 的支持免费获取，而有 17% 的人支持企业通过竞价获得。在这一问题上，中部和西部地区的被调查者也表达了相同的偏好。

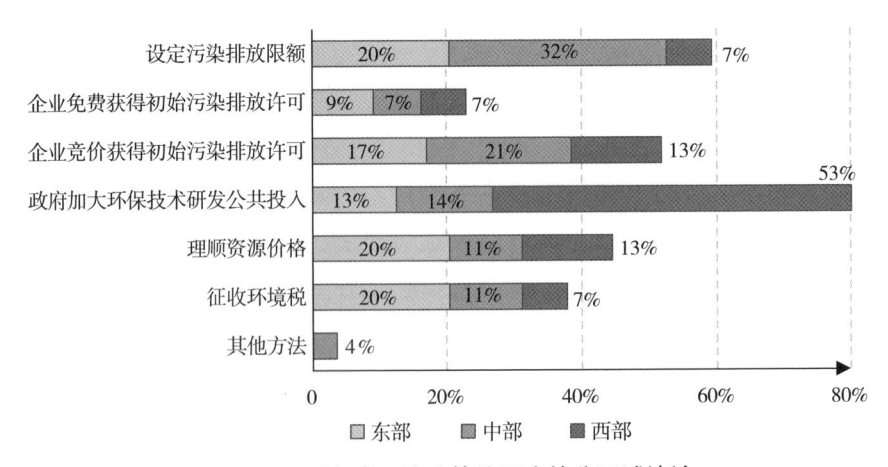

图5-24 对各类环境政策认可度的分区域统计

中部地区的被调查者对设定污染排放限额政策的支持率最高,达到32%,可能这一已经执行的政策在中部地区效果较好。而西部地区的被调查者更希望政府加大环保技术研发的公共投入,对这一政策的支持比率达到53%,显示出西部地区对环保技术的公共服务需求较为迫切。对于环境税,东部地区的支持率最高,中西部地区的被调查者对其认可度较低。

第五节 本章小结

从我们对全国133位经济学人的调查情况来看,我们有以下几点结论。

一是环境规制强度从2010年以来是不断强化的。虽然当前的经济研究文献从不同的角度采用不同的方式对我国环境规制强度进行测算并得到不同的结果,但是从全国不同区域被调查者的感受得到的结论是,2010年以来我国总体的环境规制强度是不断增强的。并且,对于当前环境规制的强度是否合理,大多数经济学人认为现在的环境规制强度还太弱,未来还需要进一步强化。

二是我国的环境规制对经济的影响存在区域性差异。总体上看,西部地区对环境规制的承受能力最弱。在环境规制对企业经营的影响方面,西部有超过一半的经济学人认为环境规制的提升会直接导致企业迁移。对当地环境容量和减排任务安排上,西部地区的被调查者有相对较多的比例认为环境容量紧张,但减排任务合理,而东部和中部的经济学人更多地选择了减排任务偏低。这都显示出西部地区对更高的环境规制缺乏足够的承受能力。我们判断这一方面是经济发展模式差异的结果,另一方面和地区的富裕程度有关。认为当地经济发展和环境污染程度呈正向关系的经济学人以西部地区占比最大,还看不到环境库兹涅茨曲线的拐点。而对于环境规制工具的选择，西部地区的被调查者中支持政府加大公共投入研发环保技术的比重远高于东部和中部地区。在企业环保投资少的因素分析中，西部经济学人认为企业缺乏足够资金的比重也远高于东部和中部的经济学人。

三是从 2010 年二季度和本次调研的比较来看，近年来我国的环境问题既有一些稳定的因素，同时也有一些变化。虽然有众多舆论认为环境规制对企业经营造成了很大影响，但从两次调研情况来看，环境规制一直没有成为企业经营困难的主要因素[①]。对各类环境规制政策的选择上，经济学人依然更加倾向于企业通过竞价方式获得初始污染排放权。

环境相关的法律法规不够健全的问题在近年来得到了较大的改善，而这些法律法规执行难则成为更加突出的问题。企业在进行环保投资决策时，更加担心在行业竞争中落后，环保技术来源问题得到了一定的缓解，而企业家的环境意识问题显得更加突出。在各类污染物的治理迫切性方面，大家在 2010 年二季度对温室气体治理的高关注已经在很大程度上转移到了废气的治理上。

---

① 笔者认为按照经济学人选择的比重排序，进入前三名的可以成为主要因素。

第六章
提升环境规制对我国经济的影响
——基于GTAP模型的政策模拟

上一章我们通过网络调查的方式收集了133名经济学者的主观判断来进行分析提升环境规制如何影响中国经济的问题。但是这种方式一方面偏于主观，在很多细节上缺乏定量的分析。本章则采用CGE模型，使用最新的GTAP数据库，利用全球投入产出数据，定量地分析了一些问题。包括在什么样的范围内提升环境规制强度比较合适？提升环境规制会对经济增速和对外贸易带来怎样的影响？是否可以保障中高速增长？

本章首先以工业行业污染物虚拟治理成本占工业产值比重作为环境规制强度指标，衡量了2011年我国各工业行业环境规制提升空间。通过设置情境分别对钢铁行业和纺织、服装服饰业，化学品行业等重污染行业完全提升环境规制进行政策模拟，并通过可计算一般均衡的GTAP模型测算了这一政策对我国GDP、对外贸易、产业产值和要素需求方面带来的影响。同时，笔者在东部、中部和西部地区各选择了一个地区，进行了实地调研，了解了当地推进绿色发展的情况，探讨了我国多数地区在提升环境规制的同时保持经济中高速增长具有可行性。本章最后对我国应如何进一步提升环境规制，改善工业的环境绩效提出了政策建议。

第一节　2011 年我国环境规制强度的测算

由于 GTAP 数据库第九版采用的是全球各国 2011 年的投入产出数据，因此我们还需要测算出 2011 年我国环境规制强度，并利用模型测算环境规制对我国经济的冲击。根据第四章提出的环境规制强度测算方法，我们根据 2011 年各工业行业废水、废气治理成本测算出各行业的环境规制强度。

表 6-1　　　　　我国各工业行业 2011 年废水治理和排放情况[①]

行业代码	工业废水治理设施本年运行费用（万元）	工业废水处理量（万吨）	工业废水排放量（万吨）	行业代码	工业废水治理设施本年运行费用（万元）	工业废水处理量（万吨）	工业废水排放量（万吨）
1	288374	185121	143493	20	997769	524258	288331
2	229311	87903	8172	21	146961	43057	48586
3	136894	287995	22643	22	90074	38184	41428
4	411493	162009	51181	23	23317	10372	12155
5	13226	10894	6191	24	131412	61778	26075
6	4414	1357	1301	25	1208045	2461163	121037
7	175065	127644	138116	26	138993	164555	33545

①　1.煤炭开采和洗选业，2.石油和天然气开采业，3.黑色金属矿采选业，4.有色金属矿采选业，5.非金属矿采选业，6.其他采矿业，7.农副食品加工业，8.食品制造业，9.酒、饮料和精制茶制造业，10.烟草制品业，11.纺织业，12.纺织服装、服饰业，13.皮革、毛皮、羽毛及其制品和制鞋业，14.木材加工及木、竹、藤、棕、草制品业，15.家具制造业，16.造纸及纸制品业，17.印刷和记录媒介复制业，18.文教、工美、体育和娱乐用品制造业，19.石油加工、炼焦和核燃料加工业，20.化学原料和化学制品制造业，21.医药制造业，22.化学纤维制造业，23.橡胶制品业，24.非金属矿物制品业，25.黑色金属冶炼及压延加工业，26.有色金属冶炼及压延加工业，27.金属制品业，28.通用设备制造业，29.专用设备制造业，30.交通运输设备制造业，31.电气机械及器材制造业，32.计算机、通信和其它电子设备制造业，33.仪器仪表制造业，34.工艺品和其他制造业，35.废弃资源综合利用业和维修业，36.电力、热力生产和供应业，37.燃气生产和供应，38.水的生产和供应业。

续表

行业代码	工业废水治理设施本年运行费用（万元）	工业废水处理量（万吨）	工业废水排放量（万吨）	行业代码	工业废水治理设施本年运行费用（万元）	工业废水处理量（万吨）	工业废水排放量（万吨）
8	124814	45946	51950	27	229906	50075	29912
9	193869	62391	71664	28	185318	8148	11973
10	5061	2657	2090	29	10384	4149	6454
11	547962	205859	240802	30	78007	23004	28395
12	220181	16136	19878	31	35425	8193	9631
13	57293	19760	25785	32	205835	46152	44961
14	6231	2304	3522	33	7495	2491	2242
15	1723	502	735	34	10065	3655	3997
16	610290	550237	382265	35	12860	2752	3379
17	4569	978	1303	36	248143	367984	158928
18	5020	1723	1937	37	4469	1248	989
19	508390	199200	79587	38	12177	12929	3559

资料来源：中国环境统计年鉴2011。

表6-2　　　　　　　　　我国各工业行业2011年废气治理情况

行业代码	工业废气治理设施本年运行费用(万元)	工业二氧化硫排放量（吨）	行业代码	工业废气治理设施本年运行费用(万元)	工业二氧化硫排放量（吨）
1	44292	129254	20	652508	1274718
2	12274	25145	21	40216	104078
3	26643	26055	22	33680	121463
4	5393	17832	23	56312	81120
5	5719	46271	24	1187254	2016894
6	2694	5750	25	2872875	2514490
7	78070	239869	26	688685	1146272
8	85110	141630	27	121626	58336
9	39696	134222	28	16051	27042
10	17645	11074	29	25028	16430
11	93243	272288	30	83282	30259
12	7527	19266	31	144204	9429

续表

行业代码	工业废气治理设施本年运行费用(万元)	工业二氧化硫排放量(吨)	行业代码	工业废气治理设施本年运行费用(万元)	工业二氧化硫排放量(吨)
13	6488	25602	32	94188	7954
14	33263	47070	33	1855	923
15	3241	2873	34	6738	13982
16	246844	542812	35	160954	5700
17	3240	4083	36	8190222	9011882
18	3045	2321	37	4331	16452
19	700242	808113	38	36	4265

资料来源：中国环境统计年鉴2011。

根据上述描述的计算方法，我们测算得到2011年我国各工业细分行业环境规制强度如表6-3所示。从环境规制强度来看，最宽松的前12个行业分别是其他采矿业（3.27%），黑色金属冶炼及压延加工业（1.41%），电力、热力生产和供应业（1.13%），造纸及纸制品业（0.54%），非金属矿物制品业（0.45%），有色金属矿采选业（0.26%），黑色金属矿采选业（0.25%），纺织业（0.23%），化学纤维制造业（0.23%），酒、饮料和精制茶制造业（0.23%），纺织服装、服饰业（0.21%），化学原料和化学制品制造业（0.21%）。这些行业污染未支付成本占产值的比重都在0.2%以上，我们界定为重污染行业。这些行业的产业产值占到工业总产值的36.46%，但是环境未支付成本却占到了88.39%。而在这些重污染行业中，仅黑色金属冶炼及压延加工业（钢铁行业）的环境未支付成本就占到了40.8%。

表6-3　　　　我国各工业行业2011年环境规制强度

行业代码	环境未支付成本（亿元）	产值（亿元）	占比（%）	行业代码	环境未支付成本（亿元）	产值（亿元）	占比（%）
1	26.09	28919.81	0.09	20	127.73	60825.06	0.21
2	2.33	12888.76	0.02	21	21.18	14941.99	0.14
3	19.42	7904.30	0.25	22	15.37	6673.67	0.23

续表

行业代码	环境未支付成本（亿元）	产值（亿元）	占比（％）	行业代码	环境未支付成本（亿元）	产值（亿元）	占比（％）
4	13.28	5034.68	0.26	23	4.76	7330.66	0.06
5	1.63	3847.66	0.04	24	179.55	40180.26	0.45
6	0.55	16.74	3.27	25	902.57	64066.98	1.41
7	26.97	44126.10	0.06	26	8.12	35906.82	0.02
8	18.28	14046.96	0.13	27	17.49	23350.81	0.07
9	27.68	11834.84	0.23	28	29.43	40992.55	0.07
10	1.93	6805.68	0.03	29	2.59	26149.13	0.01
11	75.34	32652.99	0.23	30	13.14	63251.30	0.02
12	28.05	13538.12	0.21	31	5.85	51426.42	0.01
13	9.57	8927.54	0.11	32	20.87	63795.65	0.03
14	2.99	9002.30	0.03	33	0.90	7633.01	0.01
15	1.04	5089.84	0.02	34	1.98	7189.51	0.03
16	65.28	12079.53	0.54	35	2.44	2624.21	0.09
17	0.65	3860.99	0.02	36	536.80	47352.67	1.13
18	1.11	3212.38	0.03	37	1.25	3142.03	0.04
19	33.61	36889.17	0.09	38	0.45	1178.11	0.04

资料来源：笔者根据各年环境统计年鉴数据测算整理。

第二节 采用的 CGE 模型及冲击设定

一 模型的选择和假设

政策评估通常面临的难题在于如何将政策影响与其他影响因素相分离开。就环境规制而言，除了环境政策本身，经济发展水平、产业结构、贸易开放等其他政策都会共同产生影响。可计算一般均衡模型通过多维截面数据建立一个各要素相互关联的完整系统，通过模拟单一变量的冲击，量化对其他各要素的影响，解决了这个问题。本书也选择 CGE 模型进行模拟。

与之前一些研究者采用单一地区 CGE 模型分析的方式不同，本书采用可计算一般均衡模型中的全球贸易分析模型（GTAP）进行分析。全球贸易分析模型（GTAP）是可计算一般均衡模型（CGE）的一个流派，最早源于美国普渡大学 Thomas W. Hertel 主持的全球贸易分析计划项目（Global Trade Analysis Project），是一个多国家多部门 CGE 模型，最早用于农产品的国际贸易分析。GTAP 模型从 1993 年设立以来，不断更新，每次更新都会增加模型覆盖的区域和产业，2015 年，GTAP 已经发布到第九版，在这一版本中，数据库共收录了全球 140 个国家 57 个行业的投入产出数据，更新到 2011 年。该模型的变量也在不断丰富的过程中变得种类繁多，在这个模型的架构下进行政策模拟，可以研究出一个国家政策对通过国际经贸传导机制收到的反馈性影响，可以分析各国家或区域各个部门生产、进出口、要素供需、要素报酬、GDP 和社会福利水平变化情况等，比单一区域 CGE 模型的覆盖面更加广泛。[①] GTAP 模型采用的假设包括以下几点：

（1）假设全球商品贸易市场处于完全竞争状况，不存在贸易垄断和壁垒，对所有在全球商品市场上的产品和投入要素全部进行完全出清，这就意味着整个体系中没有商品库存的存在。在规模报酬方面，模型假定厂商的规模报酬是不变的。

（2）GTAP 模型中主要包括：土地、资本、劳动力（其中又可以分为：熟练劳动力和非熟练劳动力）、自然资源等 4 种生产要素。其中，仅有劳动力是可以自由流动的，资本在长期时间范围内是可以自由流动的，但在短期不能够自由流动。

（3）GTAP 模型主要包括家庭、政府、厂商等三个有代表性的行为主体，分别通过 CDE, C-D, CES 函数来决定商品的使用组合，可以

[①] 更多关于 GTAP 模型结构、假设等的详细内容，可参见 Hertel T. W.（p）Walmsley et al.（q）。

供每个行为主体选择购买的商品既有国内商品，也有进口商品这两种类型。

（4）在双边贸易方面采用阿明顿假设，即假设国内生产的商品与国外进口的商品以及来自于不同地区的商品之间是不可以完全替代的，即依据阿明顿假设中的基本规定，分别都是以函数来组成复合性的商品。

（5）假定居民可分配收入主要来源于劳动、资本等要素收入和行为主体在日常生活中所支付的各项税收，还有进出口关税得到的财富，并经过效用函数来以固定份额的方式分配到三个部分，即家庭、政府消费及储蓄。

（6）假设存在一个统一的全球性银行，这个银行可以负责全球各区域的储蓄和投资行为，在 GTAP 模型中，由于所有的储蓄与投资都在全世界范围内进行加总求和，因此，银行的储蓄率在全球范围内应该是单一的和统一的。

（7）模型中还假设了一个统一的全球运输部门，它将全球范围内各区域之间的双边贸易都紧密联系在一起，用来平衡双边贸易中的商品 FOB 价格和 CIF 价格之间的巨大差异。

（8）在闭合方式上，我们采用新古典闭合，各国资本收益率相等，资本市场均衡。

二 变量选择和冲击机制

由于 GTAP 模型方程体系庞大而复杂，很多研究在使用 GTAP 模型进行政策模拟时并不能直接加入变量和方程对政策进行刻画，但是可以通过"妥协性改进"，通过机制相似的变量改变来模拟现实中的政策冲击。环境规制对于企业而言，最直接的影响是提升企业成本。研究者在使用 GTAP 模型时采用最多的方式是借用税收变动来进行模拟。

但本书采用生产要素生产率变化来模拟冲击而不采用税收变动冲击。增加税收虽然提升了厂商的成本，降低了生产产量，在需求不变的情况下提升价格，并通过价格影响到其他变量。这一路径看似和环境规制的效用路径一致，但是税收收入需要归到财政收入中去，最后从另一个渠道转化为企业或者居民收入。而这一点是当前环境规制政策并不存在的因素。我们认为更加贴合实际的模拟方式是要素生产率的下降。

在 Antweiler、Copeland 和 Taylor（2001）构筑的著名 ACT（贸易三效应）模型中，对于环境规制带来的成本提升是通过假设生产的产品需要拿出一定的百分比用于污染治理。因此，污染治理就直接体现为一部分用于生产的要素投入到污染治理方面，导致产品产量下降。这与我们通过设定要素生产率的下降模拟环境规制政策冲击的思路一致。

对于环境规制引起生产率下降的比率，我们可以通过环境未支付费用减少量联合投入产出表进行测定。在短期，企业生产技术难以有较大变化，又考虑到上述重污染行业都是生产技术已经比较成熟，我们假定这些行业生产函数符合里昂惕夫生产函数，即 $Q = \text{Min}(L/U, K/V)$，其中，L 表示劳动投入，K 表示资本投入，在短期，劳动投入 L 决定了行业的产量。环境规制会直接造成的资金占用，导致用于生产的劳动减少和部分设备资产闲置，类似于行业的全要素生产率下滑，降低了产量。

下面以钢铁行业[①]为说明具体测算生产率下降比率的方法。由于我国统计局公布的是 2012 年的投入产出表，我们首先从 2012 年的投入产出表中得到钢铁行业当年的劳动投入为 4087 亿元，中间投入 57764 亿元，当年钢铁行业主营业务收入 71559 亿元。可以测算到劳动要素的产出系数为 17.28。在短期，整个行业的技术水平不会发生

---

① 本书中的钢铁行业即国民产业分类中的黑色金属冶炼及压延加工业。

太大的变化，因此，我们可以设定2011年钢铁行业的生产函数与之相同。2011年我国钢铁行业劳动投入约为3814亿元[①]。如果环境规制强度完全提升，则需要将未支付环境成本真实化，再支付污染治理费用902.57亿元，占当年行业劳动投入的23.66%，相当于当年钢铁行业的全要素生产率下降了23.66个百分点。使用同样的办法，我们可以测算出其他重污染行业环境规制提升，实现污染物全覆盖所体现出的行业全要素生产率下降比例。

表6-4　　　　环境规制完全提升带来行业全要素生产率下降比率

行业名称	全要素生产率下降率
纺织业	2.27%
酒、饮料和精制茶制造业	2.44%
纺织服装、服饰业	1.82%
造纸及纸制品业	3.54%
其他采矿业	28.1%
化学原料和化学制品制造业	1.28%
非金属矿物制品业	4.30%
黑色金属冶炼及压延加工业	23.66%
电力、热力生产和供应业	16.68%
黑色金属矿采选业	1.40%
有色金属矿采选业	2.68%
化学纤维制造业	4.11%

资料来源：笔者根据相关资料测算得到。

三　模型的数据选择

本书采用GTAP 9.0的基础数据库进行测算，该数据库包含全球

[①] 虽然GTAP的base date中含有中国的投入产出数据，但是这些数据并不是原始数据，而是经过普渡大学调整过的，为了数据更加有匹配性，我们直接采用国内统计的数据进行测算。

140个国家和57个部门，在进行政策模拟时需要根据研究需要将国家和产业进行适当的归类。

在国家分类中，在中国之外，我们根据中国污染性行业的主要出口国分布，把全球140个国家中前10的国家单独挑出（中国香港和中国台湾地区除外），其他国家都划为一个区域，因此一共有12个地区，分别是中国、韩国、日本、印度、美国、泰国、越南、比利时、新加坡、意大利、巴西和其他地区。

在产业分类上，我们在57个产业中首先挑选上述12个重污染行业单独排列，但是在GTAP数据库中，化学纤维制造业被包含在化学原料和化学制品制造业中，有色金属矿采选业和黑色金属矿采选业都包括在采矿业中不能区分，此外，我国产业分类中的"其他采矿业"产值特别小，只有16.74亿元，在38个工业行业中排在最后，并且产值与排名第37的水的生产和供应业相比，只占到1.4%，因此虽然环境管制比较宽松，但是我们把其纳入到采矿业中，并且假设其受到冲击后，全要素生产率下滑程度和采矿业一致。酒、饮料和精制茶制造业的产值也很小，环境未支付成本比重也不是特别突出，在GTAP数据库中属于食品制造业，我们也不再单独区分。通过行业对标，我们最终确定了8个重污染行业，分别是采矿业、纺织业、服装业、造纸业、化学品制造业、非金属矿物制品业、电力行业和钢铁行业。这些重污染行业产值占到工业总产值的35.03%，环境未支付成本占87.12%。在剩下的行业中，我们尽量保持工业行业的独立排列，而对农业行业和服务业进行了合并，最终归并为26个行业。[①]

值得说明的是，我们的分类实际上扩大了重污染行业的范围，GTAP数据库中的化学原料和化学制品制造业还包括国内产业分类中

---

① 除重污染行业之外，还包括煤、天然气、石油开采业、食品制造业、皮革制品业、木制品业、石油煤焦制品业、建筑业、服务业、农业、其他金属行业、金属制品业、汽车及零部件制造业、电器制造业、机械制造业、社会公用事业。

的塑料制品业和橡胶制品业，采矿业中还包含了非金属矿物采选行业，我们都纳入到重污染行业中来。此外，我们采用较为严格的假设，令采矿业的全要素生产率下降程度为 –2.68%，与有色金属矿采选业一致。因此，我们测算的情景实际上是比重污染行业覆盖未支付环境成本更加严格的环境规制强度提升。

第三节　政策冲击影响分析

一　提升钢铁行业环境规制产生的经济影响

我们首先考虑钢铁行业的环境规制变动的影响。选择钢铁行业首先是因为近几年来，舆论普遍认为中国钢铁行业产值大，面临严重产能过剩，国内钢铁行业产能压缩面临的压力巨大。截至2015年底，中国已淘汰落后钢铁产能9000多万吨，今后还将再压减粗钢产能1亿—1.5亿吨，幅度仅比整个欧洲产能少1000万吨。在国际市场上，中国钢铁厂商以价格战为武器，既造成国家实际利益流出又带来国际摩擦的压力。同时，钢铁行业是重污染行业，在污染治理风暴中首当其冲。其次，从统计数据上看，钢铁行业主要是黑色金属冶炼及压延加工业，2011年产值超过6.4万亿元，占工业行业产值7.74%，但环境未支付成本占整个工业行业的40.8%，环境规制强度值是1.41%，有广阔的提升空间。

（一）对我国和其他贸易伙伴 GDP 的影响

我们首先模拟完全提升钢铁行业环境规制，完全消除当年环境未支付成本。模拟结果显示我国GDP会减少546.2亿美元，降低0.75个百分点。主要贸易伙伴国家中，韩国、新加坡、泰国、越南、巴西、比利时的 GDP 会受到微幅负向冲击，日本、印度、美国、意大利 GDP 将有所提升，但变动幅度不大，都在 0.05 个百分点以内。

表 6-5　钢铁行业环境规制完全提升对 GDP 的影响　　（单位：百万美元）

国家	变动（%）	前值	冲击后	变动值
中国	-0.75	7321874	7267254	-54620
日本	0.01	5905634	5905999	365
韩国	0	1202463	1202453	-10
新加坡	0	274064.8	274062.4	-2.4
泰国	-0.01	345669.8	345650	-19.8
越南	-0.03	135539.9	135496.4	-43.5
印度	0	1880100	1880112	12
美国	0	15533786	15533995	209
巴西	0	2476695	2476686	-9
比利时	0	513316	513312.3	-3.7
意大利	0.01	2196335	2196449	114
其他	0	33691668	33692352	684

资料来源：RunGtap 3.61 运行结果。

（二）对各个行业产值的影响

钢铁行业是国民经济中的中游产业，完全提升我国钢铁行业环境规制对下游行业冲击较大。具体来看，26 个行业中，产值下降的行业有 18 个，钢铁行业产值下降最多，减少 415.26 亿美元，机械制造业下降 403.40 亿美元，服务业下降 318.69 亿美元，金属制品业、汽车及配件行业的降幅也超过 100 亿美元。产值上升的行业有 8 个，主要包括电器制造业、纺织业、化学品业、皮革制品业、服装业、农业、木制品业和天然气开采业。其中电器制造业产值提升最大，为 76.25 亿美元，纺织业产值提高 64.19 亿美元，化学品业、皮革制造业、服装业增长幅度也超过 20 亿美元。

表 6-6　　　钢铁行业环境规制完全提升对各行业产值的影响

行业名称	变动率（%）	变动值（亿美元）	行业名称	变动率（%）	变动值（亿美元）
农业	0.07	8.90	非金属矿制品业	−1.17	−82.22
采煤业	−0.61	−9.08	钢铁行业	−4.55	−415.26
石油开采业	−0.11	−1.39	其他金属业	−1.14	−51.44
天然气开采业	0.26	0.02	金属制品业	−2.93	−126.43
采矿业	−2.12	−58.71	汽车及配件制造业	−1.54	−100.70
食品制造业	−0.13	−11.04	交通运输设备制造业	−1.91	−44.30
纺织业	1.28	64.19	电器制造业	0.81	76.25
服装业	0.76	20.53	机械制造业	−2.15	−403.40
皮革制品业	1.12	23.03	其他制造业	−0.35	−12.21
木制品业	0.3	6.55	电力行业	−1.08	−31.10
造纸业	−0.2	−6.30	公用事业	−0.56	−2.13
石油和煤焦制品业	−0.88	−47.79	建筑业	−1.31	−235.36
化学品业	0.17	26.15	服务业	−0.62	−318.69

资料来源：RunGtap 3.61 运行结果。

（三）对国际贸易的影响

在对外贸易方面，我国钢铁行业环境规制的完全提升会使我国和多数重污染行业贸易伙伴国贸易平衡发生变化，我国贸易顺差增大，贸易条件改善，美国、日本、韩国、印度等国贸易顺差会减少。

根据模拟数据，政策冲击后，我国出口总量将降低 0.36 个百分点。其他国家中，越南的出口总量将提升 0.31 个百分点、泰国提升 0.04 个百分点，其他主要贸易伙伴国家出口量都会下降，其中日本下降最多，减少 0.23 个百分点，印度也将下降 0.15 个百分点，韩国和美国分别下降 0.15 和 0.08 个百分点。在进口方面，中国将减少 0.95 个百分点，韩国、新加坡、泰国、越南、印度、巴西也会减少进口，其中越南减少 0.22 个百分点，韩国减少 0.13 个百分点。日本、美国、意大利和比利时进口上升，其中日本进口会上升 0.2 个百分点。从具体的贸易平衡情况来看，我国钢铁行业环境规制提升会提升本国贸易顺差 86.45 亿美元，主要贸易伙伴国家中，新加坡、越南、巴西、泰国贸易顺差有所增加，而美国、日本、韩国、印度、比利时、意大利贸易顺差减少，其中日本和美国顺差会分别减少 40.63 亿美元和 37.52 亿美元。从贸易条件来看，我国贸易条件略有改善，同时改善的还有日本、美国、韩国、比利时和意大利，越南、印度、泰国、新加坡和巴西贸易条件有所恶化。

表 6-7　　　钢铁行业环境规制完全提升对各国进出口的影响

国家	出口变动（%）	进口变动（%）	贸易平衡（亿美元）	贸易条件
中国	−0.36	−0.95	86.45	0.06
日本	−0.23	0.2	−40.63	0.18
韩国	−0.15	−0.13	−1.77	0.01
新加坡	−0.01	−0.03	0.43	−0.03
泰国	0.04	−0.06	2.40	−0.05
越南	0.31	−0.22	5.64	−0.21
印度	−0.15	−0.03	−3.90	−0.01
美国	−0.08	0.08	−37.52	0.06
巴西	−0.02	−0.09	1.90	−0.12
比利时	−0.02	0.02	−1.79	0.02
意大利	−0.06	0.07	−8.28	0.05
其他	0.01	0.01	−2.87	−0.03

资料来源：RunGtap 3.61 运行结果。

从模拟结果中，我们还可以得到我国各个行业在钢铁行业受到完全规制后出口受到的影响。可以看到，钢铁行业对各个国家的出口普遍下滑。其中，对美国、意大利的出口下滑了 30% 以上，对韩国、新加坡、越南出口下滑接近 25%。建筑行业、机械设备、汽车及配件、交通运输设备行业也会出现出口下滑，平均下滑幅度在 1% 到 3% 之间，金属制品行业出口下滑幅度较大，平均下滑 8.72 个百分点。出口会受到拉升影响的行业偏多，但增幅偏小，都在 5% 以下，出口额平均增加 3% 以上的行业仅有煤矿开采业和其他金属业。[①]

表 6-8　　　　钢铁行业环境规制完全提升对我国钢铁行业出口的影响

国家	出口额变动（%）	国家	出口额变动（%）
日本	−28.39	美国	−30.02
韩国	−24.98	巴西	−28.19
新加坡	−25.37	比利时	−28.5
泰国	−28.29	意大利	−30.12
越南	−25.94	其他	−29.3
印度	−27.93		

资料来源：RunGtap 3.61 运行结果。

（四）对生产要素需求的影响

GTAP 数据库中对生产要素进行了较为详细的分类，第九版中分为初级劳动力、技术型劳动力、土地、资本和自然资源五种。模拟结果显示，主要影响体现在初级劳动力、技术型劳动力和资本要素三方面。钢铁行业环境规制提升造成本行业对各类生产要素的激增，对初级劳动力、技术型劳动力和资本的需求上升比率都在 25% 左右。

需要说明的是，我们是通过假设钢铁行业的要素生产率下降来模拟环境规制强度提升的，系统的逻辑是通过补充要素来缓冲经济系统的均衡变化。但是实际上，提升环境管制的行业未来主要依靠投资于设备改造和更新来恢复产量，因此，模型给出的钢铁行业的劳动力需求并不具有真实意义。相反，那些没有提升环境规制强度的行业，是因为钢铁行业的产量和价格变化受到了冲击，它们对要素需求的变化

---

① 受篇幅限制，具体分行业和国家出口数据可以通过邮件向笔者索要。

才具有真实的参考意义。

我们可以发现，其他行业要素需求变动比例不大，农业产业对各类要素需求提升不超过0.2%，服务业对各类要素需求下降不超过1%。工业各个行业中，除去钢铁行业外，对初级劳动力需求上升的有7个行业，对技术型劳动力需求上升的行业有9个，总体上看，对劳动需求下降比例更大。

表6-9　　钢铁行业环境规制完全提升对生产要素需求的影响　　（单位：%）

产业名称	初级劳动	技术型劳动	资本	产业名称	初级劳动	技术型劳动	资本
农业	0.1	0.19	0.06	非金属矿制品业	−1.12	−0.79	−1.27
采煤业	−1.05	−0.99	−1.07	钢铁行业	25.1	25.52	24.91
石油开采业	−0.18	−0.12	−0.2	其他金属业	−1.1	−0.77	−1.25
天然气开采业	1.08	1.14	1.06	金属制品业	−2.89	−2.57	−3.04
采矿业	−2.51	−2.46	−2.54	汽车及配件制造业	−1.49	−1.16	−1.64
食品制造业	−0.08	0.22	−0.21	交通运输设备制造业	−1.88	−1.55	−2.02
纺织业	1.3	1.64	1.15	电器制造业	0.83	1.17	0.68
服装业	0.76	1.1	0.61	机械制造业	−2.12	−1.79	−2.27
皮革制品业	1.14	1.47	0.98	其他制造业	−0.26	0.07	−0.41
木制品业	0.34	0.67	0.19	电力行业	−1.02	−0.69	−1.17
造纸业	−0.16	0.17	−0.31	公用事业	−0.53	−0.2	−0.68
石油煤焦制品业	−0.81	−0.48	−0.96	建筑业	−1.3	−0.93	−1.46
化学品业	0.22	0.56	0.07	服务业	−0.65	−0.29	−0.81

资料来源：RunGtap 3.61运行结果。

为了得到提升环境规制对劳动岗位需求减少的具体数量，我们考虑最坏的情况，在初级劳动和技术型劳动力两类中，我们选择需求减少比例较大的值作为总体劳动量的减少的比例。同时，对于提升环境规制的钢铁行业本身，虽然模型计算结果显示会带来较高比例的劳动需求量，但实际上这些劳动需求量是不存在的，仅仅是因为我们通过劳动效率下降这一模拟方式导致的，因此我们在计算劳动需求变化时把该行业本身的需求变动剔除。

结合 2011 年中国统计年鉴中工业和建筑业各行业全部从业人员年平均人数，我们可以测算出，提升钢铁行业环境规制会使得第二产业对劳动力的需求减少 82.8 万人。其中受到冲击最大的是建筑业，劳动需求会减少 50.1 万人。机械设备制造业和金属制品行业对劳动力需求下降也较大，会分别减少 20 万人和 9 万人。对劳动力需求提升较大的行业有电器制造业和纺织业，劳动需求分别增加 11.8 万人和 7.7 万人。整个工业领域对劳动的需求减少 32.7 万人，占第二产业劳动需求总下滑量的 39.5%，而建筑业劳动需求减少量占比高达 60.5%。

表 6-10　钢铁行业环境规制完全提升对各行业劳动需求的影响

行业名称	劳动需求变动率（%）	劳动需求数量（万人）	行业名称	劳动需求变动率（%）	劳动需求数量（万人）
采煤业	-1.05	-5.5	非金属矿制品业	-1.12	-5.8
石油开采	-0.18	-0.1	其他金属	-1.1	-2.1
天然气开采	1.08	0.6	金属制品业	-2.89	-9.0
采矿业	-2.51	-4.3	汽车及配件	-1.49	-4.8
食品制造	-0.08	-0.6	交通运输设备	-1.88	-4.9
纺织业	1.3	7.7	电器设备	0.83	11.8
服装业	0.76	2.9	机械设备	-2.12	-20.0
皮革制品业	1.14	3.0	其他制造业	-0.26	-0.7
木制品业	0.34	0.8	电力行业	-1.02	-2.6
造纸业	-0.16	-0.3	公用事业	-0.53	-0.3
石油煤焦制品业	-0.81	-0.8	建筑业	-1.3	-50.1
化学品业	0.22	2.3	合计	-0.65	-82.8

资料来源：笔者根据 RunGtap 3.61 运行结果和中国统计年鉴 2012 相关数据测算得到。

二　分别提升其他重污染行业环境规制产生的经济影响

我们接下来分别考虑其他重污染行业受到的环境规制变动冲击的影

响。我们将各个行业受到冲击后对 GDP、贸易顺差、劳动要素需求的影响纳入一张表中进行比较，为了便于比较也加入了钢铁行业的数据。

（一）对各国经济总量的影响

从表 6-11 可见，对其他七个重污染行业分别提升环境规制都对中国 GDP 产生了负面的影响，但是 GDP 下降幅度都没有钢铁行业的影响大。这七个行业中，电力行业受到冲击后，会使得 GDP 下滑 0.22 个百分点，影响力最大，其次是化学品业，使得 GDP 下滑 0.2 个百分点，非金属矿物制品业排在第三，影响超过了 0.1 个百分点，其他几个行业对 GDP 的影响都不超过 0.5 个百分点。

从其他国家受到的影响来看，越南是受到牵连最广泛的国家，但是影响都很小。我国纺织业、服装业、化学品业和电力行业的环境规制强度提升都会对越南的 GDP 产生 0.01 个百分点影响，其中只有服装业受到冲击后对越南 GDP 有提升作用。此外，我国造纸业环境规制提升会对美国、巴西、比利时和意大利四个国家的经济总量带来 0.01 个百分点的拉动作用。总体来看，我国这些重污染行业的环境规制对主要贸易伙伴国家的经济总量影响微乎其微。

表 6-11　　分别提升各行业环境规制对各国 GDP 的影响

	采矿业	纺织业	服装业	造纸业	化学品业	非金属矿物制品业	电力行业	钢铁行业
中国	-0.05	-0.04	-0.02	-0.01	-0.2	-0.12	-0.22	-0.75
日本	0	0	0	0.01	0	0	0	0.01
韩国	0	0	0	0	0	0	0	0
新加坡	0	0	0	0	0	0	0	0
泰国	0	0	0	0	0	0	0	-0.01
越南	0	-0.01	0.01	0	-0.01	0	-0.01	-0.03
印度	0	0	0	0	0	0	0	0
美国	0	0	0	0.01	0	0	0	0

续表

	采矿业	纺织业	服装业	造纸业	化学品业	非金属矿物制品业	电力行业	钢铁行业
巴西	0	0	0	0.01	0	0	0	0
比利时	0	0	0	0.01	0	0	0	0
意大利	0	0	0	0.01	0	0	0	0.01

资料来源：RunGtap 3.61运行结果。

（二）对主要贸易伙伴国际贸易平衡的影响

从表6-12可以看出，除了钢铁行业外，采矿业、造纸业、化学品业和非金属矿物制品业提升环境规制都增加了我国的贸易顺差，采矿业对我国顺差提升幅度最大，接近35亿美元，非金属矿物制品业和化学品业分别提升贸易顺差13.42亿美元和9.58亿美元。纺织业、服装业和电力行业提升环境规制会冲销贸易顺差。电力行业环境规制提升冲销顺差最多，达到15.76亿美元。

从其他国家受到的影响来看，美国、日本、巴西贸易金额变动偏大，对其他国家影响微小。从影响方向来看，美国与中国受到的影响完全相反，为中国提升顺差的行业都给美国提供了贸易逆差，而冲销我国顺差的行业则有利于美国顺差的提高。日本的情况和美国基本相似，仅仅在电力行业上受到的影响与我国一致。如果完全提升我国电力行业环境规制也会造成日本贸易盈余减少1.41亿美元。巴西则在化学品和钢铁两个行业上与中国受到的影响方向一致，这两个行业的环境规制提升有利于巴西增加贸易顺差。

表6-12　　各行业完全提升环境规制对各国贸易平衡的影响　单位（亿美元）

	采矿业	纺织业	服装业	造纸业	化学品业	非金属矿物制品业	电力行业	钢铁行业
中国	34.99	−9.07	−2.92	2.49	9.58	13.42	−15.76	86.45
日本	−3.71	2.63	0.93	−0.34	−1.41	−2.79	−1.41	−40.63

续表

	采矿业	纺织业	服装业	造纸业	化学品业	非金属矿物制品业	电力行业	钢铁行业
韩国	0.07	0.15	0.12	−0.08	−0.84	−0.26	−0.50	−1.77
新加坡	0.01	0.09	0.04	0.01	−0.37	−0.03	0.01	0.43
泰国	0.17	−0.37	−0.14	−0.02	−1.12	−0.10	−0.03	2.40
越南	0.34	0.12	−0.46	−0.02	0.62	0.04	0.63	5.64
印度	−0.56	−1.31	−0.36	−0.10	0.91	−0.75	−0.49	−3.90
美国	−9.84	2.69	1.02	−1.37	−8.37	−4.49	2.42	−37.52
巴西	−3.62	0.58	0.22	−0.31	1.79	−0.32	2.18	1.90
比利时	0.08	0.01	0.06	−0.11	−1.40	−0.25	−0.30	−1.79
意大利	−1.00	−0.31	−0.15	−0.12	0.49	−1.14	−0.24	−8.28

资料来源：RunGtap 3.61运行结果。

（三）对其他行业劳动力需求的影响

与之前所描述的原因和做法一样，我们在分析各个产业因为受到环境规制提升冲击影响其他产业劳动力需求变化时也剔除了该行业本身的变化。从表6-13可以看出，在八个重污染行业中，只有针对纺织业提升环境规制后，国民经济第二产业对劳动力的需求是增加的，而且增加幅度很小，只有9万人。在其他七个行业中，钢铁行业造成劳动力需求下降最多，排在第二位的是电力行业，会导致第二产业劳动力需求减少27.1万人，与钢铁行业相比仅占到32.7%。排在第三位的是非金属矿物制造业，造成劳动力需求减少15.4万人。其他三个行业对劳动力需求影响都在10万人以下。

表6-13　　各行业完全提升环境规制对国内劳动力需求的影响　　单位（万人）

	采矿业	纺织业	服装业	造纸业	化学品业	非金属矿物制品业	电力行业	钢铁行业
采煤业	−0.3	−0.1	−0.1	−0.2	−1.3	−0.7	−3.1	−5.5
石油开采	0.0	0.0	0.0	0.0	0.0	0.0	0.0	−0.1

续表

	采矿业	纺织业	服装业	造纸业	化学品业	非金属矿物制品业	电力行业	钢铁行业
天然气开采	0.1	0.0	0.0	0.0	0.3	0.1	−2.8	0.6
采矿业		0.1	0.0	0.0	−0.2	−0.4	−0.7	−4.3
食品制造	0.1	0.0	−0.1	−0.2	−0.7	−0.2	−0.5	−0.6
纺织业	1.5		−1.5	0.0	0.4	0.4	−1.1	7.7
服装业	0.7	−2.1		−0.1	0.4	0.1	−0.5	2.9
皮革制品业	0.6	−0.2	−0.1	0.0	0.3	0.2	0.2	3.0
木制品业	0.3	0.3	0.1	−0.1	0.1	−0.1	−0.2	0.8
造纸业	0.1	0.0	0.0		−0.6	−0.2	−0.5	−0.3
石油煤焦制品业	0.0	0.0	0.0	0.0	−0.3	−0.1	−0.2	−0.8
化学品业	0.4	0.0	0.0	−0.5		−0.7	−3.4	2.3
非金属矿制品业	−0.8	0.1	−0.1	−0.2	−0.9		−0.9	−5.8
钢铁行业	−0.8	0.2	0.0	−0.1	0.1	−0.5	−1.0	
其他金属	−0.8	0.2	0.1	0.0	0.3	−0.2	−1.1	−2.1
金属制品业	−0.4	0.2	0.0	−0.1	0.2	−0.4	−1.0	−9.0
汽车及配件	−0.3	0.1	0.0	−0.1	−0.4	−0.5	−0.6	−4.8
交通运输设备	−0.1	0.2	0.0	0.0	0.2	−0.3	−0.5	−4.9
电器设备	3.3	2.3	0.7	0.1	3.4	−1.6	−0.7	11.8
机械设备	−1.0	0.7	0.2	−0.1	0.8	−1.2	−2.4	−20.0
其他制造业	0.1	0.1	0.1	−0.1	0.2	−0.2	−0.2	−0.7
电力行业	−0.3	−0.1	−0.1	−0.1	−0.8	−0.3		−2.6
公用事业	0.0	0.0	0.0	0.0	−0.1	0.0	−0.2	−0.3
建筑业	−6.5	−0.8	−0.8	−1.9	−9.2	−8.5	−5.8	−50.1
合计	−4.2	0.9	−1.4	−3.7	−7.7	−15.4	−27.1	−82.8

注：对每个行业进行政策模拟时，对本行业的劳动力需求变动是空值。

资料来源：RunGtap 3.61运行结果。

从上述各个行业提升环境规制强度对各经济变量的影响测算结果来看，单独提升钢铁行业环境规制强度造成的影响最大，在各个变量上影响力度都高于其他七个行业影响总和。电力行业对经济各变量的影响排在第二，但不论是在 GDP、贸易平衡还是在劳动力需求方面，都会带来负面影响。化学品行业和非金属矿物制造业对经济变量的影响程度排在第三或第四位，并且两者对贸易额都会产生正向的拉动力。

三 提升所有重污染行业环境规制产生的经济影响

由于产业之间存在多维关联，一次性同时提升所有八个重污染行业的环境规制强度，完全覆盖未支付环境成本对各个经济变量产生的影响应当与分别提升单个行业环境规制强度造成的经济影响简单加总并不相同，因此我们也模拟了同时提升环境规制的情境，并测算出对各类经济变量的影响程度。

（一）对各国经济总量的影响

如果我们一次性提升所有重污染行业的环境规制，消除所有环境未支付成本，模拟结果显示，我国的 GDP 将减少 1038.6 亿美元，降幅达到 1.42%。这些行业的主要贸易伙伴国家中，越南经济总量将下降 0.05 个百分点，日本和意大利的 GDP 会上升 0.01 个百分点，其他国家受到的影响非常微小。

表 6-14　　重污染行业环境规制完全提升对 GDP 的影响（单位：百万美元）

国家	变动（%）	前值	冲击后	变动值
中国	-1.42	7321874	7218012	-103862
日本	0.01	5905634	5906159	525
韩国	0.00	1202463	1202502	39
新加坡	0.00	274065	274063	-2
泰国	0.00	345670	345665	-5
越南	-0.05	135540	135472	-68

续表

国家	变动（%）	前值	冲击后	变动值
印度	0.00	1880100	1880169	69
美国	0.00	15533786	15533989	203
巴西	0.00	2476695	2476681	-14
比利时	0.00	513316	513329	12.53
意大利	0.01	2196335	2196477	142.00
其他	0.00	33691668	33692544	876.00

资料来源：RunGtap 3.61运行结果。

（二）对各产业产值的影响

重污染行业环境规制完全提升不仅降低了本行业的产业产值，对大多数产业的产值都产生了压制作用。从政策模拟结果来看，重污染行业产值全部下降，其中，钢铁行业、采矿业、电力行业、非金属矿制品业和化学品行业产值下降超过2%，纺织业和服装业受影响较小，下降比重不足0.5%。其他行业中，产值上升的仅有皮革制品业、木制品业和电器制造业，变动比率不超过2%，而金属制品业、建筑业、机械设备制造业、交通运输设备业、汽车及配件业产值降幅均超过2%。其中，金属制品业下降3.42个百分点，仅次于钢铁行业5.15%的降幅。

表6-15　　　　重污染行业环境规制完全提升对各行业产值的影响

产业名称	变动比例（%）	产值变动（百万美元）	产业名称	变动比例（%）	产值变动（百万美元）
农业	-0.2	-2442.13	非金属矿制品业	-2.33	-16373.06
采煤业	-1.25	-1860.23	钢铁行业	-5.15	-47002.94
石油开采业	-0.08	-95.69	其他金属业	-1.97	-8861.03
天然气开采业	-0.67	-5.61	金属制品业	-3.42	-14776.78
采矿业	-3.57	-9878.56	汽车及配件业	-2.14	-13994.75
食品制造业	-0.42	-3601.31	交通运输设备制造业	-2.15	-4995.41

续表

产业名称	变动比例（%）	产值变动（百万美元）	产业名称	变动比例（%）	产值变动（百万美元）
纺织业	−0.31	−1533.59	电器制造业	1.31	12393.06
服装业	−0.49	−1312.91	机械制造业	−2.49	−46681.63
皮革制品业	1.47	3017.44	其他制造业	−0.43	−1501.69
木制品业	0.42	907.83	电力行业	−2.42	−6971.41
造纸业	−1.6	−5077.19	公用事业	−1.47	−555.3
石油煤焦制品业	−1.64	−8935.94	建筑业	−2.2	−39473.13
化学品业	−2.15	−33020.25	服务业	−1.21	−62058.5

资料来源：RunGtap 3.61 运行结果。

（三）对国际贸易的影响

从模拟结果来看，完全提升我国重污染行业的环境规制，会使得我国进口总量下滑 0.62 个百分点，出口总量下滑 1.48 个百分点，导致贸易顺差增加 123.38 亿美元，贸易条件略有变差。其他主要贸易伙伴国中，越南受益最大，出口增长 0.31 个百分点，进口下降 0.31 个百分点，贸易顺差增加 6.8 亿美元，贸易条件基本稳定。其他国家出口量都有所下降，日本、印度出口分别下降超过 0.2%，分别造成贸易逆差 46.42 亿美元和 6.5 亿美元。美国、韩国出口下降 0.14 和 0.15 个百分点，造成贸易逆差 56.54 亿美元和 3.13 亿美元。日本、韩国贸易条件分别改善 0.12 和 0.19 个百分点，印度和比利时贸易条件恶化，分别降低了 0.27 和 0.15 个百分点。

表 6-16　　　　　重污染行业环境规制完全提升对各国进出口的影响

国家	出口变动（%）	进口变动（%）	贸易平衡（亿美元）	贸易条件
中国	−0.62	−1.48	123.38	−0.04
日本	−0.28	0.21	−46.62	0.12
韩国	−0.15	−0.11	−3.13	0.19

续表

国家	出口变动（%）	进口变动（%）	贸易平衡（亿美元）	贸易条件
新加坡	−0.03	−0.05	0.16	0.02
泰国	−0.03	−0.07	0.75	−0.02
越南	0.31	−0.31	6.80	−0.03
印度	−0.21	−0.03	−6.50	−0.27
美国	−0.14	0.11	−56.54	0.01
巴西	−0.06	−0.15	2.24	0.07
比利时	−0.01	0.07	−3.75	−0.15
意大利	−0.07	0.09	−10.87	0.03
其他	0.01	0.01	−5.79	0.06

资料来源：RunGtap 3.61运行结果。

（四）对各行业要素需求的影响

从政策模拟结果看在重污染行业环境规制完全提升后，其他行业对各类要素的需求下降面更广，下降幅度更大。从三次产业来看，农业对各类要素需求由增加转变为小幅下降，但下降幅度小，对初级劳动、技术型劳动和资本要素的需求降幅都不超过0.5%，而服务业对初级劳动和资本的需求分别下降了1.25和1.58个百分点，对技术型劳动下降幅度也超过了0.5个百分点，是单独规制钢铁行业情景下的两倍。在工业领域中除去重污染行业的其他15个行业中，有10个行业对各类要素需求都是下降的。仅有皮革制品业、木制品业和电器制造业对各类要素的需求提升。

表6-17　重污染行业环境规制完全提升对各行业要素需求的影响　（单位：%）

产业名称	初级劳动	技术型劳动	资本	产业名称	初级劳动	技术型劳动	资本
农业	−0.26	−0.1	−0.35	金属制品	−3.34	−2.74	−3.64
采煤业	−2.12	−2.02	−2.17	汽车及配件	−2.03	−1.42	−2.34

续表

产业名称	初级劳动	技术型劳动	资本	产业名称	初级劳动	技术型劳动	资本
石油开采	-0.1	-0.01	-0.15	交通运输设备	-2.08	-1.47	-2.39
天然气开采	-2.63	-2.53	-2.68	电器设备	1.37	2	1.05
食品制造	-0.31	0.24	-0.59	机械设备	-2.41	-1.8	-2.72
皮革制品业	1.51	2.14	1.19	其他制造业	-0.24	0.38	-0.55
木制品业	0.5	1.13	0.19	公用事业	-1.4	-0.78	-1.7
石油煤焦制品业	-1.5	-0.88	-1.8	建筑业	-2.16	-1.49	-2.5
其他金属	-1.87	-1.26	-2.17	服务业	-1.25	-0.58	-1.58

资料来源：RunGtap 3.61运行结果。

我们采用同样的方式测算重污染行业完全提升环境规制后对其他行业产生的劳动需求影响，如表6-18所示。从绝对数来看，建筑业对劳动需求下降最多，高达83.2万人，比单独规制钢铁行业增加了63%。工业领域劳动需求下降41.6万人，比单独规制钢铁行业增加了27%。在工业领域，电器设备制造业、皮革制品业、木制品业三个行业对需求有拉动作用，其中电器设备制造业拉动力最大，增加劳动需求19.4万人。三个行业形成的劳动需求总增加量为24.5万人。对劳动需求下降的工业行业中，机械设备制造业、金属制品业、汽车及配件制造业和交通运输设备制造业降幅较大。其中，机械设备制造业对劳动需求下降最多，达到22.7万人；金属制品业、汽车及配件制造业的劳动需求减少量分别为10.4万人和6.5万人；交通运输设备制造业减少5.4万人。

表6-18　　重污染行业环境规制完全提升对各行业劳动需求的影响

行业名称	劳动需求变动率（%）	劳动需求变动（万人）	行业名称	劳动需求变动率（%）	劳动需求变动（万人）
采煤业	-2.12	-11.0	金属制品	-3.34	-10.4
石油开采	-0.1	-0.1	汽车及配件	-2.03	-6.5
天然气开采	-2.63	-1.5	交通运输设备	-2.08	-5.4

续表

行业名称	劳动需求变动率（%）	劳动需求变动（万人）	行业名称	劳动需求变动率（%）	劳动需求变动（万人）
食品制造	−0.31	−2.2	电器设备	1.37	19.4
皮革制品业	1.51	3.9	机械设备	−2.41	−22.7
木制品业	0.5	1.2	其他制造业	−0.24	−0.6
石油煤焦制品业	−1.5	−1.4	公用事业	−1.4	−0.8
其他金属	−1.87	−3.6	建筑业	−2.16	−83.2

资料来源：RunGtap 3.61运行结果。

综合测算所有行业的劳动需求变化，重污染行业环境规制完全提升将使得第二产业对劳动要素的需求量下降124.9万人，比单独规制钢铁行业提升了50.8%。从结构来看，工业劳动需求减少量占第二产业劳动需求下滑量的比重为33.3%，而建筑业对劳动需求的降幅占总下滑量的66.7%，比单独规制钢铁上升了6个百分点。

第四节 提升环境规制和保增长并举具有可行性

为了探寻我国实际经济发展中是否具有在强化环境规制的条件下保证经济增长处在合理区间的可能性，笔者分别于2016年3月、2016年7月和2017年4月跟随中国工业经济研究所国情调研课题组对河南省西峡县、四川遂宁市和广东省佛山市进行了实地调查研究。这三个地区分别位于我国东部、中部和西部地区，地域上纵跨南北，因而对这三个地方进行调研既具有代表性也有全面性。

一 调研的三个地区的基本情况

西峡县地处丹江口水库上游，是南水北调中线工程水源涵养区的核心区，水源地丹江口水库在西峡县内流域面积占全县总面积的91%。国家对丹江口库区的环境保护政策要求西峡县必须脱离传统工业化发展的轨道，而选择绿色发展的道路。西峡政府确立了"生态立县"的理念，提出了"生态就是资源、生态就是优势、生态就是品牌"的思路和"保护生态就是保护生产力，发展生态就是发展生产力"的工作要求。

四川省遂宁市地处四川盆地西部，涪江中游，恰好落在成都、重庆两市中间，是一个典型的发展洼地城市，两大经济增长极的极化效应曾经让遂宁市在资源集聚上困难重重。最后，遂宁市通过发挥自然环境优势，推进绿色发展，取得了良好的成效。

佛山是广东省的发达城市，是一个依靠制造业发展，并形成了深厚的制造业文化的开放型发达城市。在这个以实体经济为核心的区域里，民营企业多，经济活力强，多年来经济总量保持领跑式增长，人均GDP达到全国前列。依据世界银行的标准，佛山市已经进入了高收入经济体的行列。作为以制造业为引擎的领跑城市，佛山市也一度遭受污染的困扰，由于起步早，很多制造业企业延续传统生产模式，环境消耗大，整个城市的环境承载能力几乎达到极限，空气中二氧化硫、二氧化氮和可吸入颗粒物等环境指标在2010年曾经居于珠三角首位，环保压力已经成为佛山进一步发展的首要制约因素，因此佛山市也一直在摸索转向绿色发展的路径。

二 三个地区转向绿色发展的政策举措

调研的三个地区在促进本地经济绿色化方面有一些共同的举措，同时又各有侧重。

一是强化环境规制和环境保护力度。佛山市组织专家组对当地各个行业企业进行调研，制定了清洁生产的标准体系，其内容涵盖了生产的技术标准、企业清洁生产的评价体系等内容，对于企业清洁生产提出了更高的要求。佛山市还建立了工业清洁生产基础信息数据库。数据库中包含了统计所必需的重点关注行业或者对象的能源消耗水平、废物废料的排放水平，以及排放的污染物成分，随时监测企业对污染物处理和清洁生产的情况。此外，佛山市通过大规模投资增加林地面积，修复原有生态，提升生态环境质量，并积极创建森林型城市。西峡县按照生态涵养区的标准提升环境质量。为了确保丹江口水库水质，工业污染向零排放看齐，农业上大力降低化肥使用量，从2013年到2016年，化肥使用量降低30%。遂宁市以污染物总量控制为抓手，每年压缩污染排放许可额度，此外还制定了清洁生产推行规划和清洁生产审核方案，由主管部门定期对企业进行强制审核。

二是促进工业产业转型、改造和升级。三个地区都采取了淘汰高耗能、高污染企业，改造传统产业，促进产业转型升级的举措。具体来看，广东佛山比其他地区更加注重推进企业创新，希望企业从产品创新、工艺创新、设备创新方面减少生产污染，并且谋求产业布局优化，实现循环经济。西峡县则更加偏重产业转型，在限制高能耗、高污染的产业之后，引导工业经济向污染少的特钢及辅料、部分汽车配件产业发展，并在具有优势的农业产业基础上，发展中药制药、农副产品加工业等行业。遂宁市更加注重产业承接过程中的企业筛选和现有工业的改造上，通过加强监督确保企业环保投资和设施落地，大力推进现有企业的清洁生产改造，确保达到环保标准。

三是因地制宜地调整三次产业结构。广东佛山市依托制造业基础大力发展工业设计、汽车产品工业设计产业。抓住众多科研机构及高等院校落户科技园的机遇，建设具有一流创新设计能力、一流科技人才、一流产业园区的总部经济集聚区。源于制造业，服务制造业的生产性服务业成为改善佛山三次产业结构的重要力量。西峡县一方面提升传统农业的现代化，通过绿色农业、有机农业优化生产结构，提升产业绩效。在第三产业方面，西峡县发挥地缘优势，发展旅游产业，提升服务业比重。遂宁市发挥交通枢纽优势，以物流行业为主导，通过拓宽业务领域，扩大业务规模，快速推动服务业在体量上的增加。

三 三个地区实践绿色发展的实际效果

调研的三个地区从 2014 年以来，在环境保护力度加强的条件下，环境质量进一步改善，同时地区国内生产总值也保持了良好的增速。西峡县从 2014 年到 2016 年，出境水质和县城集中饮用水源地水质达标率均为 100%，地区空气优良天数都在 320 天以上。企业对环境治理极其重视，不仅严格遵守相应的政策法规，有的甚至还自我强化了环境保护强度，自觉地以更高的标准来保护生态环境。典型的代表就是当地的中成药制造商宛西制药集团。中成药制造污染度不高，但公司在生产用水排放完全达到排放标准的基础上，仍然加大了环保投入，配置了专门的设备用于提升所排放的生产用水的清澈程度。三年来地区生产总值增速分别为 9.6%、9.5% 和 9.3%。

四川遂宁市三年来空气质量优良率逐步上升，工业主要污染物排放基本平稳，全市淘汰落后生产企业一百多家，成功申报国家生态文明先行示范区。地区生产总值增速也都在 9% 以上，其中 2015 年达到 13.2%。

广东佛山的转变效果最为明显。三年来，工业污染物排放年均减少 5%，工业二氧化硫排放总量在"十二五"期间减少 50%。主要江河水质状况总体优良，饮用水源地水质达标率长期保持在 100%，而这三年的地区生产总值增速都在 8.3% 以上。

第五节 本章小结

本书以根据废水及废气污染物治理成本计算了 2011 年我国工业各行业未支付环境成本，并以未支付环境成本占该行业产值的比重衡量环境规制强度。通过设置情境分别对钢铁行业和纺织、服装造纸业、化学品行业等八个重污染行业完全提升环境规制进行政策模拟，并通过一般均衡的 GTAP 模型测算了这一政策对我国 GDP、对外贸易、产业产值和要素需求方面带来的影响。

根据测算结果我们发现，提升环境规制水平，将对我国和主要贸易伙伴国家的经济总量造成的影响非常小。不论是单独针对某一个行业还是对所有重污染行业提升环境规制，我国 GDP 总量下降不超过 1.5 个百分点。参考 2011 年的经济增速，即使发生这一冲击，我国经济增速仍然可以保持在中高速水平，可以说，这是我国经济可以承受的。

分行业来看，提升环境规制会造成多数工业行业产值下降，有直接联系的下游产业下降得更加明显，建筑业、服务业也会产生负增长。农业也会在重污染行业提升环境规制情况下产值下滑。仅电器制造业、皮革制品业和木制品业会从中受益实现稳定增长，并且电器制造业产值提升规模较大，最多可以达到近 124 亿美元。

在对外贸易方面，提升环境规制会减少我国对外贸易总量。但进口降幅大于出口降幅，因此贸易顺差还会有所增加。主要贸易伙伴国家中，越南出口增加，进口减少，受益最大，泰国、巴西贸易顺差也有所增加，美国、日本、印度等国家则贸易受损，顺差下降。因此，可以说提升重污染行业的环境规制有利于我国在对外贸易中获得更多的经济福利。

在要素需求方面，环境规制的提升基本上会减少经济体对要素的需求。除了纺织业之外，不论是提升单一行业还是所有重污染行业的环境规制水平，都将导致有效劳动岗位的减少。从劳动需求减少量的产业结构上看，工业行业降幅远低于建筑业。虽然我们没有测算服务业对劳动需求减少的具体数量，但是从要素需求下降比例上看，对劳动需求的减少量也会很大。

虽然提升环境规制对我国经济总量的冲击有限，有利于产业和对外贸易的优化调整，但是对就业可能产生大规模的冲击。不仅工业部门就业机会减少，而且在建筑业和服务业会减少更多的就业机会。环境规制提升的工业行业越多，劳动需求降幅越大。

从实地调研情况来看，我国提升环境规制强度，实现环境保护和地方经济协调发展是具有可行性的。不同地域的经济体尽管发达程度不同，但都还具有向绿色发展转变的潜力。

第七章 结论与政策含义

第一节 主要结论

一 出口贸易的环境效应

通过基于非竞争性投入产出方法的测算，我们发现以隐含污染物排放量作为环境效应的测度时，出口贸易带来的环境负面效应比直接测算得到的结果普遍高出很多。

我国出口引致的污染物排放增速变化趋势与普通方法测算的出口污染排放物增速变化趋势接近，但是以总体污染物排放增速变化来看，出口引致的污染物排放率高于工业总体水平，表明其对我国环境污染总量的贡献率较高。

分行业来看，化学工业，通用和专用设备制造业，通信设备、计算机及其他电子设备制造业，电气，机械和器材制造业，金属冶炼及压延加工业这五个行业是各类污染物的主要制造者，占比超过60%。

从国际贸易带来的环境福利的分配情况来看，OECD成员国依然是环境福利的主要享受者，这也意味着传统的中心—外围结构没有产生颠覆性变化，但是印度、新加坡、越南、印度尼西亚等发展中国家对于这份环境红利的享受比例也越来越大。

二 环境规制强度变化情况

从整个工业行业的情况来看，环境规制强度从 2002 年到 2012 年越来越严格，这一点，不论是我们测算的情况还是通过问卷调查得到的结果都支持这一判断。但是从分行业的环境规制情况来看，是有所分化的。电力、热力的生产和供应业，燃气生产和供应业，非金属矿物制品业，金属冶炼及压延加工业，金属矿采选业的环境规制强度提升幅度较大，但工艺品及其他制造业，仪器仪表及文化办公用机械制造业，石油加工、炼焦及核燃料加工业的环境规制强度从 2002 年到 2012 年是减弱的。

三 环境规制对出口贸易环境效应的影响

根据本书的测算情况来看，提升工业行业的环境规制强度对出口贸易的环境绩效改善具有积极的促进作用。一方面，工业各个行业环境规制强度提升可以直接减少该行业出口过程中隐含污染物排放量。另一方面，环境规制强度提升可以有助于优化产业结构和促进绿色生产率提升两种路径降低出口贸易引致的污染物排放量。研究还发现，环境规制强度变化能够通过改变贸易流量来影响贸易的环境绩效的效应很不明显。

从影响效用大小来看，通过改善产业结构提升贸易环境绩效的比重不大，而通过促进绿色生产率提升改善出口贸易环境绩效的作用较为明显。说明提升工业行业环境规制有利于产业结构的清洁化和绿色生产率的提高，并达到降低出口引致的隐含污染物排放量的效果，有助于改善我国本土的环境质量。

四 环境规制提升对我国经济增长的冲击预判

本次研究显示，提升环境规制水平，对我国经济总量产生的冲击有限。按照 2011 年的数据测算，GDP 总量下降不超过 1.5 个百分点，经济增速仍然可以保持在中高速水平。分行业来看，提升环境规制会对多数工业行业造成负面影响，仅电器制造业、皮革制品业和木制品业会从中受益实现稳定增长，并且电器制造业产值提升规模较大。

提升环境规制会减少我国对外贸易出口量。但进口量也会减少，并且降幅大于出口降幅，因此贸易顺差还会有所增加。在主要贸易伙伴国家中，越南、泰国、巴西将从中受益。而美国、日本、印度等国家贸易会受到损失，顺差下降。因此，可以说提升重污染行业的环境规制有利于我国在对外贸易中获得更多的经济福利。

提升环境规制水平对我国经济冲击最大的方面体现在对劳动力需求的变动上。根据测算结果，环境规制的提升基本上会减少经济体对要素的需求。除了纺织业之外，提升环境规制水平，都将导致有效劳动岗位的减少。从劳动需求减少量的产业结构上看，不仅工业行业对劳动力需求有所减少，建筑业对劳动力的需求降幅更多。

从实地调研情况来看，东部、中部和西部三个地方城市都在实践环境保护和经济协同发展方面取得了成绩。表明各个发展阶段的工业行业对于环境规制提升具有调整空间，并且越是经济发达地区，调整的自由度越大，经济落后地区调整难度偏大。

第二节　政策含义

一　环境规制强度具有提升空间

不论是从我们测算的结果来看，还是从问卷调查的反馈情况来看，我国工业行业和大部分地区的环境规制依旧有提升空间。有一些行业经济比重大、污染性较强、受到的关注多，环境规制强度提升得较为明显，而还有一些行业规模小，受到关注较少，环境规制强度不升反降。从区域来看，东部发达地区更加认同环境规制的提升，西部地区对环境规制的认同度相对较低，但总体上都支持环境规制进一步严格化。因此，总体而言，我国对工业行业进一步提升环境规制是有空间的。但是在具体提升过程中需要因地制宜地处理。一方面，部分行业诸如石油和天然气开采业、煤炭开采和洗选业、木材加工和家具制造业等行业环境规制强度已经处于较高水平，而纺织业、金属冶炼及压延加工业等行业环境规制强度相对较弱，提升空间较大。从地域来看，根据调查问卷的反馈情况，东部和中部地区的经济学家很多认为环境容量紧张，环境规制还应该有进一步提升，也有部分地区认为环境规制强度已经达到合理水平。

二　保证政策的统一性和执行力度是重要的着力点

虽然我国环境规制强度存在提高的趋势，但是环境质量一直遭到诟病。环境政策执行效果差是一个重要因素。从研究结果来看，不同地区对这一问题的解决要差别化对待。东部地区的被调查者认为最有影响的前三个因素分别是政绩考核指标设置不合理、环境监测能力不足和污染物治理设施不足。而西部地区的被调查者则认为社会环保意识不强的因素比污染物治理设施不足影响更大。来自中部地区的被调查者则认为环境监测能力不足是最重要的因素。在企业层面,多数研究者认为企业对环保投资偏少的最重要原因是担心与其他不进行环保投资的企业相比处于竞争劣势。因此,在环境规制政策调整方面,一是要在政府政绩考核中纳入环境治理因素,二是要加强环境监测能力,三是在西部地区进一步强化环境保护意识,四是对所有企业一视同仁,避免政策落实的不公平性。

三 提升环境规制的政策路径

如果要提升工业部门的环境规制强度,实现经济发展的绿色化,有必要考虑以下实施路径。(1)在这些重污染行业中,从单一行业开始进行试点,首先选择对经济变量影响小的造纸、服装、纺织等行业提升环境规制强度,逐步延伸到多个行业,为经济体应对冲击获得缓冲时间。(2)选择在经济增长过快的期间,选择钢铁行业、电力行业、非金属矿物制品业及化学品业这四个对宏观经济变量影响大的行业提升环境规制强度。(3)从工业产业链下游行业的资本密集型产业进行选择,避免带动过多产业的产值下降和工业就业岗位的流失。(4)在提升工业行业环境规制之前,提升建筑业和服务业的发展质量,一方面发掘新的经济增长点,创造就业岗位;另一方面提升产业发展自主性,降低建筑业和服务业发展对工业的依赖。(5)推进工业各行业,特别是重污染行业转型升级,创造出可以吸纳就业的清洁环保的新兴部门,并实现劳动力的内部转移。(6)提升就业相关的社会保障水平,强化社会培训、再就业帮扶等社会公共服务,为环境规制可能带来的劳动者下岗做好应对准备。(7)在区域选择上,在经济发达、创新能力强的东部地区缓慢提升规制强度,在给企业带来压力的同时激发清洁生产技术创新。在中西部环境承载力薄弱的地区严格强化环境规制，彻底清除技术落后污染严重的产业生存空间。

第三节　研究的局限和未来的方向

一是本次研究使用了隐含污染物来衡量贸易的环境效应，并且由于时间和数据的局限，只测算了出口的情况，没有测算进口的情况和环境顺差情况。此外，也没有具体测算主要贸易伙伴获得环境红利的数值。

二是环境规制提升的压力一方面来自国内居民对日益恶化的环境质量的焦虑，另一方面来自国际发达国家。发达国家通过环境问题对我国施加压力的出发点是多元化的，不仅有广泛宣传的对于人类未来考虑的公心，还有出于为本国环保产业拓展市场，打压新型国家产业竞争力的私心。我们如果单一考虑环境规制问题来约束贸易，进而调整生产，未免会正中下怀。毕竟改善环境质量的方式也是多元的。通过提升环境规制来促进产业结构调整和推动技术进步是一种倒逼机制，如果通过其他变量正向主动调整产业结构向清洁型产业方向发展，或者通过正向刺激来促进技术进步也能达到改善环境质量的效果，并且可能对贸易出口还能产生促进作用，提升国际市场占有率，更加有利于我国企业走出去。

三是我们通过问卷调查也涉及了具体的环境规制政策工具，例如污染物排放限额、污染许可证、环境税，等等。但是究竟不同的环境工具哪个对贸易的环境绩效影响更大，更有利于避免冲击，形成正向效应尚未研究。

四是由于时间限制，我们没有来得及完全构建自主的 CEG 模型，用最新的数据来测算环境规制对我国经济冲击的影响，仅仅使用美国普渡大学开发的 GTAP9 数据库，运用 2011 年的数据进行了政策模拟，数据的时效性偏弱，如果能够开发自主的 CGE 模型，采用更新的数据，研究结果可以更加具有政策针对性。

在未来的研究中，可以继续弥补上述不足，把该问题的研究进一步拓展完善。

附　表

附表 1　用于测算中介效应的环境规制强度指标值

	2002 年	2005 年	2007 年	2010 年	2012 年
煤炭开采和洗选业	5.56	9.09	9.09	11.11	14.29
石油和天然气开采业	33.33	20.00	20.00	50.00	20.00
金属矿采选业	0.29	2.33	1.85	4.35	6.25
非金属矿及其他矿采选业	9.09	8.33	1.92	14.29	10.00
食品制造及烟草加工业	2.63	6.25	9.09	6.67	4.00
纺织业	1.37	1.49	2.17	1.49	1.79
纺织服装鞋帽皮革羽绒及其制品业	5.26	7.14	14.29	7.69	4.35
木材加工及家具制造业	5.26	8.33	16.67	14.29	9.09
造纸印刷及文教体育用品制造业	1.27	1.82	2.38	1.89	3.13
石油加工、炼焦及核燃料加工业	1.59	1.27	1.04	1.06	0.60
化学工业	0.93	1.23	2.08	2.44	1.56
非金属矿物制品业	0.17	0.75	0.93	0.76	0.88
金属冶炼及压延加工业	0.15	0.55	0.64	0.52	0.67
金属制品业	9.09	11.11	10.00	12.50	14.29
通用、专用设备制造业	7.69	25.00	20.00	25.00	16.67
交通运输设备制造业	3.33	14.29	16.67	16.67	9.09
电气、机械及器材制造业	6.25	9.09	14.29	20.00	12.50
通信设备、计算机及其他电子设备制造业	16.67	14.29	7.14	5.56	1.61
仪器仪表及文化办公用机械制造业	2.00	10.00	9.09	20.00	8.33
电力、热力的生产和供应业	0.10	0.19	0.40	0.24	0.24
合计	0.53	0.79	1.82	1.47	1.52

附表 2　　　　　　　　分行业贸易流量取对数的值

	2002 年	2005 年	2007 年	2010 年	2012 年
煤炭开采和洗选业	14.27	14.77	14.66	14.16	13.72
石油和天然气开采业	14.01	13.82	14.37	14.28	14.44
金属矿采选业	12.14	13.79	13.62	13.55	13.29
非金属矿及其他矿采选业	14.23	14.78	14.22	14.27	14.06
食品制造及烟草加工业	16.01	16.57	16.77	16.91	17.15
纺织业	17.12	17.79	18.22	18.31	17.76
纺织服装鞋帽皮革羽绒及其制品业	17.14	17.64	17.85	17.88	18.49
木材加工及家具制造业	15.71	16.58	17.00	17.11	17.40
造纸印刷及文教体育用品制造业	16.11	16.78	16.94	16.94	17.84
石油加工、炼焦及核燃料加工业	14.78	15.91	15.85	15.92	16.28
化学工业	16.90	17.72	18.10	18.36	18.41
非金属矿物制品业	15.25	16.02	16.51	16.76	17.10
金属冶炼及压延加工业	15.34	16.74	17.76	17.41	17.61
金属制品业	16.18	17.19	17.39	17.36	17.57
通用、专用设备制造业	16.39	17.34	17.87	18.09	18.48
交通运输设备制造业	15.69	16.67	17.31	17.75	17.88
电气、机械及器材制造业	16.83	17.56	18.04	18.35	18.49
通信设备、计算机及其他电子设备制造业	17.72	18.84	19.18	19.30	19.52
仪器仪表及文化办公用机械制造业	16.51	17.52	17.29	17.40	16.69
电力、热力的生产和供应业	13.15	13.22	13.39	13.58	13.56

附表 3　　　　　　我国三类出口贸易隐含污染物取对数得到的指标值

工业废水 (ln)	2002 年	2005 年	2007 年	2010 年	2012 年
煤炭开采和洗选业	17.28	17.23	17.09	16.21	15.87
石油和天然气开采业	15.93	15.39	15.41	15.01	14.74
金属矿采选业	15.68	16.84	16.18	15.47	15.32
非金属矿及其他矿采选业	16.87	17.30	16.13	15.78	15.21
食品制造及烟草加工业	18.83	19.04	19.02	18.77	18.73
纺织业	20.47	20.80	21.13	20.98	20.27

续表

工业废水 (ln)	2002 年	2005 年	2007 年	2010 年	2012 年
纺织服装鞋帽皮革羽绒及其制品业	19.87	20.08	20.30	20.11	20.51
木材加工及家具制造业	18.09	18.58	18.72	18.53	18.34
造纸印刷及文教体育用品制造业	20.29	20.72	20.72	20.33	20.76
石油加工、炼焦及核燃料加工业	17.56	18.14	17.79	17.46	17.69
化学工业	20.41	20.79	20.76	20.62	20.35
非金属矿物制品业	18.26	18.47	18.61	18.43	18.45
金属冶炼及压延加工业	18.71	19.48	20.04	19.23	19.27
金属制品业	19.11	19.58	19.54	19.09	19.08
通用、专用设备制造业	19.07	19.52	19.63	19.43	19.53
交通运输设备制造业	18.46	18.83	19.03	19.06	18.93
电气、机械及器材制造业	19.51	19.80	19.80	19.74	19.67
通信设备、计算机及其他电子设备制造业	19.28	20.48	20.04	20.07	20.21
仪器仪表及文化办公用机械制造业	19.25	19.67	19.03	18.68	17.59
工艺品及其他制造业	17.59	17.66	17.99	17.89	16.68
电力、热力的生产和供应业	16.81	16.14	15.90	15.60	15.34

工业粉尘 (ln)	2002 年	2005 年	2007 年	2010 年	2012 年
煤炭开采和洗选业	9.81	10.27	9.44	8.22	7.77
石油和天然气开采业	8.42	8.13	8.00	7.19	6.78
金属矿采选业	7.81	9.24	8.11	7.38	7.05
非金属矿及其他矿采选业	9.77	10.44	9.24	8.50	7.82
食品制造及烟草加工业	10.76	10.84	10.38	9.90	9.88
纺织业	11.80	12.32	12.26	11.76	10.90
纺织服装鞋帽皮革羽绒及其制品业	11.46	11.81	11.53	11.03	11.35
木材加工及家具制造业	10.75	11.38	11.24	10.89	11.26
造纸印刷及文教体育用品制造业	11.36	11.85	11.53	10.98	11.59
石油加工、炼焦及核燃料加工业	10.39	11.08	10.60	9.91	10.02
化学工业	12.29	12.96	12.68	12.34	12.17
非金属矿物制品业	13.17	13.15	13.09	12.37	12.32
金属冶炼及压延加工业	11.62	12.70	12.95	12.08	12.21

续表

金属制品业	11.90	12.56	12.15	11.56	11.71
通用、专用设备制造业	11.77	12.48	12.34	12.03	12.16
交通运输设备制造业	11.00	11.66	11.61	11.45	11.43
电气、机械及器材制造业	12.15	12.68	12.48	12.24	12.30
通信设备、计算机及其他电子设备制造业	12.12	13.65	12.24	11.99	11.99
仪器仪表及文化办公用机械制造业	11.68	12.42	11.39	10.87	9.95
工艺品及其他制造业	10.04	10.25	10.32	9.94	8.96
电力、热力的生产和供应业	10.12	9.60	9.30	8.77	8.72
工业 $SO_2(ln)$	2002 年	2005 年	2007 年	2010 年	2012 年
煤炭开采和洗选业	10.09	10.54	9.89	8.52	7.81
石油和天然气开采业	8.96	8.80	8.89	8.21	7.70
金属矿采选业	8.23	9.75	9.08	8.32	7.39
非金属矿及其他矿采选业	9.88	10.42	9.50	9.13	8.47
食品制造及烟草加工业	10.85	11.05	10.94	10.55	10.53
纺织业	12.49	13.04	13.11	12.64	11.91
纺织服装鞋帽皮革羽绒及其制品业	11.98	12.39	12.33	11.88	12.30
木材加工及家具制造业	10.96	11.72	11.77	11.47	11.38
造纸印刷及文教体育用品制造业	11.79	12.41	12.28	11.90	12.50
石油加工、炼焦及核燃料加工业	10.60	11.48	11.05	10.55	10.69
化学工业	12.79	13.60	13.44	13.18	13.03
非金属矿物制品业	12.07	12.34	12.49	12.17	12.39
金属冶炼及压延加工业	11.69	12.89	13.45	12.70	12.80
金属制品业	12.10	12.89	12.79	12.35	12.35
通用、专用设备制造业	11.98	12.82	12.94	12.72	12.80
交通运输设备制造业	11.09	11.96	12.14	12.10	12.00
电气、机械及器材制造业	12.28	12.97	12.99	12.89	12.92
通信设备、计算机及其他电子设备制造业	11.98	13.65	12.73	12.66	12.65
仪器仪表及文化办公用机械制造业	11.70	12.64	11.76	11.46	10.55
工艺品及其他制造业	10.19	10.59	10.86	10.63	9.63
电力、热力的生产和供应业	11.01	10.53	10.57	10.17	9.90

附表4　　　　　　　　　　　　分行业绿色生产率指标

绿色生产率	2002年	2005年	2007年	2010年	2012年
煤炭开采和洗选业	10.13	11.86	20.02	37.86	37.30
石油和天然气开采业	65.87	95.00	174.41	191.31	304.43
金属矿采选业	7.50	12.04	15.68	36.25	49.68
非金属矿及其他矿采选业	11.26	9.75	19.67	49.86	69.72
食品制造及烟草加工业	15.85	27.23	43.13	70.64	77.40
纺织业	18.26	26.27	39.78	52.86	60.73
纺织服装鞋帽皮革羽绒及其制品业	120.72	126.57	213.64	293.57	280.04
木材加工及家具制造业	36.05	44.09	90.43	131.24	87.87
造纸印刷及文教体育用品制造业	7.47	10.10	12.71	18.56	28.55
石油加工、炼焦及核燃料加工业	6.37	9.16	15.52	26.30	29.60
化学工业	9.90	15.01	23.96	38.51	45.50
非金属矿物制品业	0.73	1.79	3.05	7.71	9.91
金属冶炼及压延加工业	4.58	6.64	13.39	17.78	18.32
金属制品业	80.07	140.73	139.61	262.00	163.51
通用、专用设备制造业	68.12	115.62	255.94	303.20	631.28
交通运输设备制造业	41.46	137.14	245.31	475.97	465.15
电气、机械及器材制造业	171.41	305.42	901.16	1368.81	1732.60
通信设备、计算机及其他电子设备制造业	296.54	578.86	743.90	1069.43	872.71
仪器仪表及文化办公用机械制造业	67.98	148.29	462.87	918.12	1170.31
工艺品及其他制造业(含废品废料)	182.44	322.41	457.45	624.42	66.52
电力、热力的生产和供应业	0.64	1.26	2.13	3.87	4.64

附表5　　　　　我国各年份实际利用外资数据　　　　　单位：百万美元

	采矿业	制造业	水、电、热燃气	合计	取对数后
2002年	581.1	36800	1375.08	38756.18	10.57
2005年	354.95	42453	1394.37	44202.32	10.70
2007年	489.4	40865	1072.55	42426.95	10.66
2010年	684.4	49591	2124.77	52400.17	10.87
2012年	770.5	48866	1638.97	51275.47	10.84

附表6　　　　　我国各年份加工贸易额和人均GDP指标

加工贸易	出口额（亿美元）	取对数	人均GDP（元）	取对数
2002年	1799.4	7.50	9506	9.16
2005年	4164.8	8.33	14368	9.57
2007年	6167.6	8.73	20505	9.93
2010年	7403.3	8.91	30876	10.34
2012年	8627.8	9.06	40007	10.60

附图

附图 1

```
5 . xtreg pollution1 regulation,fe r

Fixed-effects (within) regression          Number of obs      =        100
Group variable: ind                        Number of groups   =         20

R-sq:                                      Obs per group:
     within  = 0.0005                           min =          5
     between = 0.0650                           avg =        5.0
     overall = 0.0410                           max =          5

                                           F(  1,19)          =       0.05
corr(u_i, Xb)  = -0.2272                   Prob > F           =     0.8273

                          (Std. Err. adjusted for  20 clusters in ind)
```

pollution1	Coef.	Robust Std. Err.	t	P>|t|	[95% Conf. Interval]
regulation	.0024889	.0112508	0.22	0.827	-.0210594 .0260372
_cons	11.42248	.087778	130.13	0.000	11.23876 11.6062
sigma_u	1.4754766				
sigma_e	.54375652				
rho	.88042591	(fraction of variance due to u_i)			

附图 2

```
9 . xtreg pollution2 regulation,fe r

Fixed-effects (within) regression          Number of obs      =        100
Group variable: ind                        Number of groups   =         20

R-sq:                                      Obs per group:
     within  = 0.0011                           min =          5
     between = 0.0628                           avg =        5.0
     overall = 0.0450                           max =          5

                                           F(  1,19)          =       0.15
corr(u_i, Xb)  = 0.2039                    Prob > F           =     0.7003

                          (Std. Err. adjusted for  20 clusters in ind)
```

pollution2	Coef.	Robust Std. Err.	t	P>|t|	[95% Conf. Interval]
regulation	-.0029577	.0075686	-0.39	0.700	-.0187989 .0128836
_cons	18.58258	.0590495	314.69	0.000	18.45898 18.70617
sigma_u	1.6945722				
sigma_e	.43311116				
rho	.9386808	(fraction of variance due to u_i)			

附图 3

```
13 . xtreg pollution3 regulation,fe r

Fixed-effects (within) regression              Number of obs      =         100
Group variable: ind                            Number of groups   =          20

R-sq:                                          Obs per group:
     within  = 0.0033                               min =           5
     between = 0.0648                               avg =         5.0
     overall = 0.0462                               max =           5

                                               F(  1,19)          =        0.41
corr(u_i, Xb)  = 0.1905                        Prob > F           =      0.5305

                          (Std. Err. adjusted for    20 clusters in ind)
```

pollution3	Coef.	Robust Std. Err.	t	P>|t|	[95% Conf. Interval]
regulation	-.0071653	.0112137	-0.64	0.530	-.0306358 .0163051
_cons	11.0036	.0874878	125.77	0.000	10.82049 11.18672
sigma_u	1.538141				
sigma_e	.59434822				
rho	.87008708	(fraction of variance due to u_i)			

附图 4

```
19 . xtreg structure regulation fdi perGDP procestrade,fe r

Fixed-effects (within) regression              Number of obs      =          25
Group variable: ind                            Number of groups   =           5

R-sq:                                          Obs per group:
     within  = 0.1974                               min =           5
     between = 0.2617                               avg =         5.0
     overall = 0.0001                               max =           5

                                               F(  4,4)           =        1.42
corr(u_i, Xb)  = -0.1124                       Prob > F           =      0.3706

                          (Std. Err. adjusted for     5 clusters in ind)
```

structure	Coef.	Robust Std. Err.	t	P>|t|	[95% Conf. Interval]
regulation	.1037206	.2857253	0.36	0.735	-.6895801 .8970213
fdi	-2.668763	2.143291	-1.25	0.281	-8.619493 3.281967
perGDP	.3813989	1.72975	0.22	0.836	-4.421158 5.183956
procestrade	.8529855	1.697557	0.50	0.642	-3.860189 5.566159
_cons	24.33238	15.89521	1.53	0.201	-19.79981 68.46457
sigma_u	4.5038544				
sigma_e	1.2251933				
rho	.93109739	(fraction of variance due to u_i)			

附图 5

```
2 . xtreg trade regulation fdi perGDP procestrade,fe r

Fixed-effects (within) regression          Number of obs      =         25
Group variable: ind                        Number of groups   =          5

R-sq:                                      Obs per group:
    within  = 0.7714                                  min =          5
    between = 0.0592                                  avg =        5.0
    overall = 0.0914                                  max =          5

                                           F(    4,4)         =     186.71
corr(u_i, Xb)  = 0.0303                    Prob > F           =     0.0001

                              (Std. Err. adjusted for  5 clusters in ind)
```

trade	Coef.	Robust Std. Err.	t	P>|t|	[95% Conf. Interval]
regulation	-.0805053	.0760571	-1.06	0.350	-.2916737 .1306632
fdi	.1517665	1.159755	0.13	0.902	-3.06823 3.371763
perGDP	-.4675194	.6047367	-0.77	0.483	-2.146538 1.211499
procestrade	1.410178	.5916031	2.38	0.076	-.232375 3.052732
_cons	6.684166	9.32234	0.72	0.513	-19.1988 32.56713
sigma_u	2.1014869				
sigma_e	.36749856				
rho	.97032603	(fraction of variance due to u_i)			

附件

提升环境规制强度对我国经济的影响调查问卷（2016年11月）

1. 近年来，企业经营难度加大，您认为受哪些因素影响？（多选）

   A. 外部需求萎缩

   B. 经济增长方式转变

   C. 汇率波动的风险较大

   D. 环境管制强度过高

   E. 劳动力成本过快提高

   F. 税收负担过重

   G. 其他原因

2. 您认为2010年以来我国环境规制强度呈现出的趋势是（　　）

   A. 逐渐加强

   B. 保持不变

   C. 逐渐减弱

   D. 不好判断

3. 您认为我国环境规制强度水平（　　）

   A. 过强，需要弱化

   B. 较弱，需强化

   C. 恰到好处

4 您所在的地区的环境标准与国家标准相比（   ）

　　A. 高于国家标准，严格执行

　　B. 与国家标准一致，严格执行

　　C. 与国家标准一致，执行不严格

　　D. 不太清楚

5. 您所在地区的经济发展速度与环境污染程度的关系（   ）

　　A. 呈正向关系

　　B. 呈反向关系

　　C. 相关关系不明显

6. 您认为您所在城市的环境容量与污染减排任务匹配情况是（   ）

　　A. 环境容量充裕，减排任务过重，妨碍经济增长。

　　B. 环境容量充裕，减排任务过重，但不妨碍经济增长。

　　C. 环境容量充裕，减排任务合理，经济增长可持续。

　　D. 环境容量紧张，减排任务合理，经济增长受限制。

　　E. 环境容量紧张，减排任务偏低，以环境换增长模式未改变。

7. 您认为当前我国的环境规制对工业企业经营的影响是（多选）（   ）

　　A. 大幅度提高了生产成本，降低了国际市场竞争力。

　　B. 促进了企业技术创新，增强了国际市场竞争力。

　　C. 环境门槛提高，导致企业搬迁到国外。

　　D. 环境门槛提高，导致企业搬迁到中西部

8. 您认为未来五年国际贸易中的主要壁垒将是（   ）

　　A. 环境壁垒

　　B. 技术壁垒

C. 关税壁垒

D. 其他

9. 您认为当前我国环境规制趋严,但环境改善不容乐观的原因是(多选)(　　)

　　A. 社会普遍缺乏环保意识

　　B. 资源价格偏低,企业缺乏节约使用资源的动力

　　C. 相关法律法规体系不健全

　　D. 法律和法规难以执行

　　E. 中国所处的发展阶段使然,环境改善成效难以在短期内显示

　　F. 其他原因

10. 对于环保政策执行不到位的原因您更加倾向于(多选)(　　)

　　A. 社会环保意识不强

　　B. 环境监测能力不足

　　C. 污染物治理设施不足

　　D. 环境保护技术落后

　　E. 政绩考核指标设置不合理

　　F. 企业节约成本

11. 请选择您认为合理有效的环境规制政策(多选)(　　)

　　A. 政府征收环境税收

　　B. 设定污染排放限额,超过限额部分罚款

　　C. 建立污染排放许可证交易体系,企业免费获得初始污染排放许可

　　D. 建立污染排放许可证交易体系,企业竞价获得初始污染排放许可

　　E. 政府加大针对环保技术研发的公共投入

　　F. 理顺资源价格

G. 其他方法

12. 您认为企业对环保投资偏少的原因是（多选）（　　　）

　　A. 认为没有必要

　　B. 担心与其他不进行环保投资的企业竞争时处于劣势

　　C. 缺乏相应的技术

　　D. 缺乏资金

　　E. 其他原因

13. 您认为治理下列哪种污染物最重要？（　　　）

　　A. 温室气体（包括二氧化碳、甲烷、臭氧等）

　　B. 空气污染物（包括 PM10、PM2.5、SO_2、NO_2、O_3、CO、NH_3、甲醛等）

　　C. 工业粉尘

　　D. 工业废水

　　E. 生活污水

　　E. 化学需氧量

　　F. 工业固体废弃物

参考文献

包群、邵敏、杨大利：《环境管制抑制了污染排放吗？》，《经济研究》2013年第12期。

蔡乌赶、许凤茹：《环境规制如何影响空气污染？——基于中国284个地级市数据的实证研究》，《福州大学学报》（哲学社会科学版）2020年第34卷第159期。

曾贤刚：《环境规制、外商直接投资与"污染避难所"假说——基于中国30个省份面板数据的实证研究》，《经济理论与经济管理》2010年第11期。

陈东、刘金东：《农村信贷对农村居民消费的影响——基于状态空间模型和中介效应检验的长期动态分析》，《金融研究》2013年第6期。

代丽华、金哲松、林发勤：《贸易开放是否加剧了环境质量恶化——基于中国省级面板数据的检验》，《中国人口·资源与环境》2015年第25卷第7期。

代丽华：《国际贸易对中国环境污染的影响研究》，博士学位论文，中央财经大学，2015年。

董敏杰、梁泳梅、李钢：《环境规制对中国出口竞争力的影响——基于投入产出表的分析》，《中国工业经济》2011年第3期。

董敏杰：《环境规制对中国产业国际竞争力的影响》，博士学位论文,中国社会科学院研究生院,2015年。

傅京燕、李丽莎:《FDI、环境规制与污染避难所效应——基于中国省级数据的经验分析》,《公共管理学报》2010年第7卷第3期。

郭红燕、韩立岩:《环境规制与中国FDI区域分布》,《经济问题》2009年第11期。

江珂:《中国环境规制对FDI行业份额的影响分析——基于中国20个污染密集型行业的面板数据分析》,《工业技术经济》2011年第6期。

蒋伏心、纪越、白俊红:《环境规制强度与工业企业生产技术进步之关系——基于门槛回归的实证研究》,《现代经济探讨》2014年第11期。

景维民、张璐:《环境管制、对外开放与中国工业的绿色技术进步》,《经济研究》2014年第9期。

李钢、董敏杰、沈可挺:《强化环境管制政策对中国经济的影响——基于CGE模型的评估》,《中国工业经济》2012年第11期。

李钢、李颖:《环境规制强度测度理论与实证进展》,《经济管理》2012年第12期。

李钢、刘鹏:《钢铁行业环境管制标准提升对企业行为与环境绩效的影响》,《中国人口·资源与环境》2015年第12期。

李钢、马岩、姚磊磊:《中国工业环境管制强度与提升路线——基于中国工业环境保护成本与效益的实证研究》,《中国工业经济》2010年第3期。

李慧明、卜欣欣:《绿色国际贸易与绿色国际贸易壁垒》,《南开学报》(哲学社会科学版)2000年第4期。

李玲、陶锋:《中国制造业最优环境规制强度的选择——基于绿色全要素生产率的视角》,《中国工业经济》2012年第5期。

李璇、薛占栋:《低碳经济背景下环境规制对经济增长的影响》,

《哈尔滨商业大学学报》（社会科学版）2014年第4期。

李璇：《环境规制对经济增长的异质影响探究》，《岭南学刊》2015年第2期。

刘志忠、陈果：《环境管制与外商直接投资区位分布——基于城市面板数据的实证研究》，《国际贸易问题》2009年第3期。

陆菁：《环境规制与国际贸易的实证研究》，博士学们论文，浙江大学，2007年。

陆旸：《从开放宏观的视角看环境污染问题：一个综述》，《经济研究》2012年第2期。

陆旸：《环境规制影响了污染密集型商品的贸易比较优势吗？》，《经济研究》2009年第4期。

钱争鸣、刘晓晨：《环境管制与绿色经济效率》，《统计研究》2015年第32卷第7期。

任力、黄崇杰：《国内外环境规制对中国出口贸易的影响》，《世界经济》2015年第5期。

商亮：《中国对外贸易的环境影响效应与绿色发展研究》，博士学位论文，中国社会科学院研究生院，2017年。

盛斌、吕越：《外国直接投资对中国环境的影响——来自工业行业面板数据的实证研究》，《中国社会科学》2012年第5期。

苏培添、魏国江、张玉珠：《中国环境规制有效性检验——基于技术创新的中介效应》，《科技管理研究》2020年第40卷第464期。

托马斯·林德维斯特：《清洁生产中的延伸生产者责任》，孙启宏、李艳萍、乔琦，编译，化学工业出版社，2009年版。

王爱兰：《论政府环境规制与企业竞争力的提升——基于"波特假设"理论验证的影响因素分析》，《天津大学学报》（社会科学版）2008年第10卷第5期。

王奇、刘巧玲、夏溶矫：《基于全过程分析视角的环境规制度量研究》,《生态经济》2014 年第 11 期。

王勇、李建民:《环境规制强度衡量的主要方法、潜在问题及其修正》,《财经论丛》2015 年第 5 期。

王勇、施美程、李建民:《环境规制对就业的影响——基于中国工业行业面板数据的分析》,《中国人口科学》2013,第 3 期。

习近平:《决胜全面建成小康社会　夺取新时代中国特色社会主义伟大胜利——在中国共产党第十九次全国代表大会上的报告》,《中国经济周刊》2017 年第 10 期。

徐盈之、杨英超:《环境规制对我国碳减排的作用效果和路径研究——基于脉冲响应函数的分析》,《软科学》2015 年第 4 期。

徐圆:《源于社会压力的非正式性环境规制是否约束了中国的工业污染?》,《财贸研究》2014 年第 2 期。

闫文娟、郭树龙、史亚东:《环境规制、产业结构升级与就业效应:线性还是非线性?》,《经济科学》2012 年第 6 期。

应瑞瑶、周力:《外商直接投资、工业污染与环境规制——基于中国数据的计量经济学分析》,《财贸经济》2006 年第 1 期。

俞海、任子平、张永亮等:《新常态下中国绿色增长:概念、行动与路径》,《环境与可持续发展》2015 年第 40 卷第 1 期。

原毅军、谢荣辉:《环境规制的产业结构调整效应研究——基于中国省际面板数据的实证检验》,《中国工业经济》2014 年第 8 期。

张成、陆旸等:《环境规制强度和生产技术进步》,《经济研究》2011 年第 2 期。

张成、于同申:《环境规制会影响产业集中度吗?:一个经验研究》,《中国人口·资源与环境》2012 年第 3 期。

张娟:《中国对外贸易的环境效应研究》,博士学位论文,华中科技大学,2012 年。

张平淡、何晓明:《环境技术、环境规制与全过程管理——来自

"十五"与"十一五"的比较》,《北京理工大学学报》(社会科学版)2014年第1期。

张倩:《环境规制对绿色技术创新影响的实证研究——基于政策差异化视角的省级面板数据分析》,《工业技术经济》2015年第7期。

张晓莹:《环境规制对中国国际竞争力的影响效应》,博士学位论文,山东大学,2014年。

赵红:《美国的环境管制影响分析》,《生态经济》2005年第12期。

赵婷:《贸易自由化与中国环境污染关系的实证研究——基于协整理论分析》,《经济研究导刊》2009年第10期。

朱雯君、陈红蕾:《加工贸易、FDI对环境污染的影响分析——基于VECM模型的实证分析》,《产经评论》2010年第6期。

Alpay, Savas, Can Environmental Regulations Be compatible with Higher International Competitiveness: Some New Theoretical Insights, *FEEM Working Papers*, 2001.

Arimura T. H., Hibiki A., Imai S., et al., Empirical Analysis of the Impact that Environmental Policy has on Technological Innovation, *Working Papers*, 2006.

Aiken D. V., Färe R., Grosskopf S., et al., " Pollution Abatement and Productivity Growth: Evidence from Germany, Japan, the Netherlands, and the United States", *Environmental & Resource Economics*, Vol.44,No.1, 2009.

Becker R., Henderson V., "Effects of Air Quality Regulations on Polluting Industries ", *Journal of Political Economy*, Vol.108,No.2, 2000.

Beers C. V., Jeroen C. J. M. Van Den Bergh, "An Empirical Multi-Country Analysis of the Impact of Environmental Regulations on Foreign Trade Flows", Kyklos, Vol.50,No.1, 1997.

Bemelmans-Videc M. L., Rist R. C., Vedung E., "Carrots, sticks &

sermons : policy instruments & their evaluation", *Videc*, Vol.77,No.4,1998.

Botta E., Koźluk T., Measuring Environmental Policy Stringency in OECD Countries , *Oecd Economics Department Working Papers*, 2014.

Brunel C., Levinson A., Measuring Environmental Regulatory Stringency , Working Papers, No.13562, 2013.

Cole M. A., Fredriksson P. G., "Institutionalized pollution havens", *Ecological Economics*, Vol.68, No.4, 2009.

Cole M. A., Elliott R. J. R., Do Environmental Regulations Cost Jobs? An Industry-Level Analysis of the UK The B.E. Journal of Economic Analysis & Policy. Volume 7, Issue 1, ISSN (Online) 1935-1682, DOI: 10.2202/1935-1682.1668, 2007.

Copeland B. R., Taylor M. S., " North-South Trade and the Environment", *Quarterly Journal of Economics*, Vol.109,No.1, 1994.

Cole M. A., Elliott R. J. R., Shanshan W. U., " Industrial activity and the environment in China: An industry-level analysis", *China Economic Review*, Vol.19,No.3, 2008.

Dam L., Scholtens B., "The curse of the haven: The impact of multinational enterprise on environmental regulation", *Ecological Economics*, 2012.

Dean J. M., Lovely M. E., Wang H., "Are foreign investors attracted to weak environmental regulations? Evaluating the evidence from China", *Journal of Development Economics*, Vol.90,No.1, 2005.

Domazlicky B. R., Weber W. L., "Does Environmental Protection Lead to Slower Productivity Growth in the Chemical Industry? ", *Environmental & Resource Economics*, Vol.28,No.3, 2004.

Ederington, J., Minier J., "Is Environmental Policy a Secondary Trade Barrier? An Empirical Analysis", *Canadian Journal of*

Economics,Vol.36,No.1, 2003.

Gereffi,Gary,Sturgeon,Timothy J., Globalisation, Employment and Economic Development,a Briefing Paper,http: / /web. mit. edu /ipc / publications /pdf /IPC004 - 006. pdf, 2004.

Gereffi G., Sturgeon T. J., "Globalization, Employment, and Economic Development: A Briefing Paper", *Alexdrossos* Ca, 2004.

Gollop F. M., Roberts M. J., "Environmental Regulations and Productivity Growth: The Case of Fossil-Fueled Electric Power Generation", *Journal of Political Economy*, Vol.91,No.4, 1983.

Gray W.B., Shadbegian R.J., Environmental Regulation and Manufacturing Productivity at the Plant Level, *NBER Working Papers* No.4321, 1993.

Greenstone, M., "The Impact of Environmental Regulation on Industrial Activity: Evidence from the 1970 and 1977 Clean Air Acts Amendments and the Census of Manufacturers", *Journal of Political Economy*, Vol.110, No.6, 2002.

Gray W. B., Manufacturing Plant Location: Does State Pollution Regulation Matter? *Working Papers*, 1997.

Grossman G. M., Krueger A. B., "Environmental Impacts of a North American Free Trade Agreement ", *Social Science Electronic Publishing*, Vol.8,No.2, 1991.

He Jie., "Pollution haven hypothesis and environmental impacts of foreign direct investment: The case of industrial emission of sulfur dioxide (S02) in Chinese provinces", *Ecological Economics*, Vol.60,No.1, 2006.

Henderson J. V., "Effects of Air Quality Regulation", *American Economic Review*, Vol.86,No.4, 1995.

Isern J., Bravo E., Hirschmann A., " Environmental Regulation and

Productivity: Evidence from Oil Refineries", *Nber Working Papers*, Vol.83,No.3, 2006.

Jug J., Mirza D., "Environmental Regulations in Gravity Equations: Evidence from Europe", *World Economy*, Vol.28, No.11, 2005.

Kalt J. P., "The Impact of Domestic Environmental Regulatory Policies on US International Competitiveness", *International competitiveness*, 1988.

Kheder S. B., Zugravusoilita N., "The Pollution Haven Hypothesis: A Geographic Economy Model in a Comparative Study", *Social Science Electronic Publishing*, 2008.

Lanoie P., Patry M., Lajeunesse R., "Environmental regulation and productivity: testing the porter hypothesis ", *Journal of Productivity Analysis*, Vol.30, No.2, 2008.

Low P., Yeats A., "Do Dirty, Industries Migrate", *International Trade and the Environment*, No., 159, 1992.

Lundqvist L.J., 2001, "Implementation from Above: The Ecology of Power in Sweden's Environmental Governance", *Governance*, Vol.14,No.3, 1992.

Levinson A., "Environmental regulations and manufacturers' location choices: Evidence from the Census of Manufactures", *Journal of Public Economics*, Vol.62,No.1-2, 1996.

Levinson A., "State Taxes and Interstate Hazardous Waste Shipments ", *American Economic Review*, Vol.89,No.3, 1999.

Levinson A., M. Taylor, "Unmasking the Pollution Haven Effect", *International Economic Review*, Vol.49,No.1, 2008.

Mani M., Wheeler D., "In Search of Pollution Havens? Dirty Industry Migration in the World Economy", *Journal of Environment Development*, Vol.7,No.3, 1997.

Markusen J. R., Morey E. R., Olewiler N., "Competition in regional environmental policies when plant locations are endogenous", *Journal of Public Economics*, Vol.56, No.1, 1995.

Mcconnell V. D., Schwab R. M., "The Impact of Environmental Regulation on Industry Location Decisions: The Motor Vehicle Industry", *Land Economics*, Vol.66, No.1, 1990.

Ménière Y., Dechezleprêtre A., Glachant M., et al., "Invention and transfer of climate change mitigation technologies: a study drawing on patent data", *Fondazione Eni Enrico Mattei Working Papers*, 2011.

Otsuki T., Wilson J. S., Sewadeh M. A., "Race to the Top? A Case Study of Food Safety Standards and African Exports", *Policy Research Working Paper*, 2001.

Pargal, S., & Mani, M., "Citizen activism, environmental regulation, and the location of industrial plants: Evidence from India", *Economic Development and Cultural Change*, Vol.48, 2000.

Susmita Dasgupta, Ashoka Mody, Subhendu Roy, et al., "Environmental Regulation and Development: A Cross-country Empirical Analysis", *Oxford Development Studies*, Vol.29, No.2, 1995.

Smarzynska, B.J., S.J. Wei, "Pollution Havens and Foreign Direct Investment: Dirty Secret or Popular Myth? ", *The B.E. Journal of Economic Analysis and Policy*, No.32, 2004.

Sandrini M, Censor N., "Does trade openness improve environmental quality?", *Journal of Environmental Economics & Management*, Vol.58, No.3, 2009.

Sauter C., How should we measure environmental policy stringency? A new approach, *Irene Working Papers*, 2014.

Schumpeter J. A., "The Creative Response in Economic History",

Journal of Economic History, Vol.7,No.2, 1947.

Siebert H., "Environmental Quality and the Gains from Trade", *Kyklos*, Vol.30, No.4, 1977.

Taylor M. S., Antweiler W., Copeland B. R., "Is Free Trade Good for the Environment", American Economic Review, 2001.

Tobey J. A., "The Effects of Domestic Environmental Policies on Patterns of World Trade: An Empirical Test", *Kyklos*, Vol.43, No.43, 1990.

Talts U., Fredriksson A., Eriksson P., "Changes in behavior and muscarinic receptor density after neonatal and adult exposure to bioallethrin", *Neurobiology of Aging*, Vol.19,No.6, 1998.

Wang, Danny T., Wendy Y. Chen., "Foreign direct investment, institutional development, and environmental externalities: Evidence from China", *Journal of Environmental Management*, Vol.135, 2014.

Walter I., Ugelow J. L., "Environmental Policies in Developing Countries", *Ambio*, Vol.8, No.2-3, 1969.

Xing Y., Kolstad C. D., "Do Lax Environmental Regulations Attract Foreign Investment?", *Environmental & Resource Economics*, Vol.21,No.1, 2002.

Yang C. H., Tseng Y. H., Chen C. P., "Environmental regulations, induced R&D, and productivity: Evidence from Taiwan's manufacturing industries", *Resource & Energy Economics*, Vol.34,No.4, 2012.

Oates W., Baumol W., *The Instruments for Environmental Policy*, National Bureau of Economic Research, Inc, 1975.